*Zadig, ou la Destinée, 1748*

# 자디그, 또는 운명

## - 동양이야기 -

볼테르 1748년

이효숙 옮김

연세대학교 출판부

'동양 이야기'라는 부제는 볼테르 자신이 붙인 것으로서, 당시에는 작품 아래에 '철학 콩트', '역사소설', '실화 이야기' 등의 장르 명칭을 붙이는 것이 통례였다. 이 작품은 배경을 동양(중동을 가리킴)으로 하였고, 저자가 『천일야화』를 염두에 두고, 그 당시에 크게 유행하던 이런 종류의 작품들에 대한 풍자적 성격을 암시하는 명칭이다.

*이 작품의 번역은 연세대학교 번역문화연구소의 번역지원금을 받아 수행되었습니다.

# 자디그가 세라 왕비에게 보내는 헌정사

사디[1]

회교력 837년, 슈발 월(月)의 10일[2]



눈동자의 매력, 마음의 고통, 정신의 빛, 그러한 당신의 발의 먼지에 저는 전혀 입 맞추지 않습니다. 왜냐하면 전하께서는 거의 걷지 않으시거나 이란의 카펫 혹은 장미꽃들 위로 걸으시기 때문입니다. 저는 전하께 어느 옛 현자가 쓴 책의 번역본을 드립니다. 그 현자는 행복하게도 할 일이 전혀 없어서 자디그의 이야기를 쓰며 즐거워하는 행복을 누렸습니다. 보기보다 많은 것을 애기해주는 작품입니다. 이 책을 읽고 이 책에 대해 판단해주시옵소서. 왜냐하면 전하께서 인생의 봄을 맞고 계시고, 모든 쾌락들이 전하를 찾고 있으며, 전하께서는 아름다우시고 그 아름다움에 재능이 겸비되고, 사람들이 전하를 저녁부터 아침까지[3] 찬미하고, 이 모든 이유들 덕분에 전하께서는 상식을 갖추지 않으셔도 되는데도 불구하고, 그럼에도 전하는 아주 지혜로운 정신과 아주 섬세한 취향을 갖고 계시며, 긴 수염과 뾰족한 모자의 늙은 수도승들보다 더 잘 추론하시는 것을 제가 들어왔기 때문입니다. 전하께서는 조심스러워하면서도 경계하지 않으며, 부드러우면서도 약하지 않고, 분별 있게 자비로우시고, 전하의 친구들을 사랑하시며 결코 적을 만들지 않으십니다. 전하의 정신은 비방 섞인 나쁜 언행들로부터 즐거움을 취하는 일이 결코 없으며, 전하께서는 남의 험담을 하거나 남에게 나쁘게 하는 것이 엄청나게 쉬우실 텐데도 그렇게 하지 않으십니다. 결국 전하의 영혼은 전하의 아름다움처럼 언제나 순수해 보였습니다. 전하께서는 약간의 철학적 소양까지 갖고 계셔서 저는 전하께서 어느 현자의 이 작품을 그 누구보다 더 좋아하실 거라고 믿게 되었습니다.

이 책은 우선 전하나 저나 들어본 적 없는 고대의 칼데아 언어로 씌어졌었습니다. 그런데 그 유명한 술탄[4] 울롱-벱[5]을 즐겁게 해주기 위해 아랍어로 번역되었습니다. 아랍인들과 페르시아인들이 『천일야화』, 『천일주화(天日晝話)』 등을 쓰기 시작하던 때였습니다. 울롱은 자디그 이야기를 더 즐겨 읽었습니다. 하지만 왕비들은 『천일야화』나 『천일주화』를 더 좋아했지요. "그대들은 어떻게 이성적이지도 않고 아무 의미 없는 지어낸 이야기들을 더 좋아할 수가 있는 겁니까?"라고 지혜로운 울롱은 그들에게 말하곤 했습니다. "바로 그렇기 때문에 우리가 그 이야기들을 좋아하는 거예요."라고 왕비들은 말했습니다.

전하께서는 그 왕비들과 같지 않으며 진정으

로 울롱 같은 분일 거라고 저는 은근히 기대를 해봅니다. 『천일야화』나 『천일주화』 같은 이야기들보다 덜 재미있다는 점 빼고는 꽤 흡사한 일반적인 대화들에 전하께서 싫증나게 될 때 제가 영광스럽게도 1분 동안 전하를 알현할 기회를 얻어내어 이치를 따져가며 말씀드리게 될 수 있을 거라는 희망까지 가져봅니다. 만약 전하께서 필리포스의 아들 스칸데르[6] 시절의 탈레스트리스[7]였다면, 혹은 전하께서 솔로몬 왕 시절의 사바의 여왕이었다면, 그 왕들이 전하를 보기 위해 멀리서부터 왔을 것입니다.

전하의 즐거움들이 온전하고, 전하의 아름다움이 지속되며, 전하의 행복이 끝없기를 하늘의 천사들에게 기도합니다.

사디

# 차례

1장

# 애꾸눈이

모압다르 왕 시절, 바빌론에 아름다운 성품을 타고 났으며 그 천성이 교육을 통해 강화된 '자디그'라는 청년이 있었다. 그는 부유하고 젊은데도 열정들을 자제할 줄 알았으며, 가식이 전혀 없었고, 늘 자기가 옳기를 바라지도 않았으며, 인간들의 약함을 존중할 줄 알았다. 그런 그가 탁월한 지성을 갖고 있음에도 불구하고, 바빌론에서 '대화'라고 불리는 그토록 애매하고 그토록 매끄럽지 못하며 그토록 소란스런 이야기들, 그 무모한 비방들, 그 무지한 결정들, 그 상스런 재담들, 그 내용 없는 소음들을 결코 무시하지 않는 것을 보고 사람들은 놀라워했다. 그는 조로아스터의 첫 번째 책에서 자존심이란 바람으로 부풀려져서 바늘로 찌르면 폭풍이 빠져나오는 풍선이라는 것을 이미 배웠다. 특히 자디그는 여인들을 멸시하거나 굴복시킨다고 뻐기지도 않았다. 그는 씀씀이가 후했다. '식사를 할 때는 개들에게 먹을 것을 주어라, 설사 그들이 너를 문다 해도.'라는 조로아스터[8]의 위대한 교훈에 따라 배은망덕한 자들에게 은혜 베푸는 일을 조금도 두려워하지 않았다. 그는 더할 수 없이 지혜로웠다. 왜냐하면 현자들과 더불어 살려고 애썼기 때문이다. 옛 칼데아[9]의 학문에 능통한 그는 그 당시 알려져 있던 자연의 물리적 원리들을 모르지 않았고, 형이상학에 대해서는 모든 연령대가 알고 있는 것을 알고 있었다. 즉, 형이상학에 대해서 아는 게 거의 없었다. 그는 자기 시대의 새로운 철학에도 불구하고 1년은 365일과 4분의 1일이며, 태양은 우주의 중심에 있다고 굳게 확신했다. 주요 신관들이 상대에게 모욕감을 느끼게 하는 거만함을 드러내며 자디그에게 나쁜 감정을 갖고 있다고 말하거나 '태양이 자전을 하고 1년은 열두 달이라고 믿는 것은 국가의 적이 되는 것'이라고 말했을 때도 그는 화도 내지 않고 경멸을 드러내지도 않은 채 입 다물고 있었다.

자디그는 매우 부유하고, 따라서 친구도 있고, 건강, 사랑스런 용모, 바르고 절제된 정신, 성실하고 고귀한 마음을 갖고 있어서, 자기는 행복할 수 있다고 믿었다. 그는 미모나 출생 또는 재산 면에서 바빌론에서 첫손 꼽히는 세미르와 결혼하게 될 수도 있었을 것이다. 자디그는 그녀에 대해 굳건하고 덕성스런 애정을 갖고 있었고, 세미르는 그를 열정적으로 사랑했다. 그 둘을 결합시켜줄 행복한 순간에 도달하려는 즈음, 그들은 유프라테스 강가를 장식하고 있는 종려나무들 아래서 바빌론의 성문 쪽으로 함께 거닐다가 군도(軍刀)와 화살로 무장한 남자들이 자기네 쪽으로 오는 것을 보았다. 어느 장관의 아들인 젊은 오르칸의 추종자들이었다. 오르칸의 삼촌 측근 궁정인들이 오르칸에게 무슨 짓이든 다 해도 된다고 믿게 만들었던 것이다. 그는 자디그가 갖고 있는 매력들이나 덕성들을 하나도 갖고 있지 못했다. 그런데도 자기가 훨씬 더 낫다고 생각한 오르칸은 세미르가 자기보다 자디그를 선호하는 것에 대해 절망했다. 오로지 허영심에서 비롯된 그 질투는 오르칸으로 하여금 자기가 세미르를 미친 듯이 사랑한다고 생각하게 만들었다. 그는 그녀를 납치해야겠다고 생각했다. 그래서 자디그와 세미르가 산책하고 있을 때 그 납치범들이 나타난 것이며, 그들은 그녀를 붙잡았다. 그들은 너무 난폭하게 굴다가 그녀에게 상처를 입혔다. 그래서 보기만 해도 이마우스 산의 호랑이들조차 누그러뜨릴 아름다운 여인의 피를 흘리게 만들었다. 그녀는 하늘을 찌를 듯 신음소리를 냈다. 그녀는 소리쳤다.

"나의 사랑하는 배우자여! 내가 몹시 사랑하는 당신으로부터 이들이 나를 떼어놓으려 해요!"

그녀는 자신의 위험에 대해서는 조금도 신경 쓰지 않고, 오로지 사랑하는 자디그만 생각했다. 같은 순간 자디그는 용기와 사랑이 주는 온힘을 다해 그녀를 방어했다. 겨우 노예 두 명의 도움으로 그는 납치범들을 도망치게 만들었고, 기절하고 피 흘리는 세미르를 그녀의 집으로 데려다주었다. 그녀는 눈을 떠서 자신의 구원자를 보았다. 그녀는 말했다.

"오 자디그! 나는 당신을 나의 배우자로서 사랑했어요. 이제는 내 명예와 목숨을 빚진 사람으로서 사랑합니다."

세미르의 마음보다 더 감동에 찬 마음은 없었

을 것이며, 가장 위대한 선행에 대한 감동과 가장 합법적인 사랑의 가장 다정한 흥분이 불러일으키는 그 열정적인 말들 때문에 더욱 감동적인 감정을 표현하는 그녀의 입보다 더 매혹적인 입은 없었을 것이다. 그녀의 상처는 가벼웠다. 그래서 그녀는 곧 나았다. 자디그는 훨씬 위험하게 다쳤다. 눈 가까이 맞은 화살이 깊은 상처를 냈다. 세미르는 신들에게 오로지 자기 연인의 치유만을 간청했다. 그녀의 눈은 밤낮으로 눈물에 젖었고, 자디그의 눈이 그녀의 시선을 즐기게 될 수 있을 때를 기다렸다. 하지만 상처 난 눈에 생긴 종기가 최악의 사태까지 염려케 만들었다. 위대한 의사 헤르메스를 데려오기 위해 멤피스[10)]까지 사람을 보냈다. 헤르메스는 수행원들을 잔뜩 데리고 왔다. 그는 환자를 방문하여 환자가 눈을 잃게 될 거라고 공언했다. 그는 그 비통한 일이 닥칠 날짜와 시간까지 예언했다.

"그게 오른쪽 눈이었다면 내가 낫게 해주었을

테지만, 왼쪽 눈의 상처는 치료가 불가능합니다." 라고 그는 말했다.

바빌론 사람들 모두가 자디그의 운명을 동정하면서 헤르메스의 학식의 깊이를 찬미했다. 이틀 뒤 종기는 저절로 터졌고, 자디그는 완전히 치유되었다. 헤르메스는 자디그가 치유되지 말았어야 했다는 것을 증명하는 책을 한 권 썼다. 자디그는 그 책을 전혀 읽지 않았다. 하지만 외출할 수 있게 되자마자 자신의 행복에 대한 희망을 갖게 해주고 눈을 갖고 싶게 만들어주는 유일한 여인을 방문할 채비를 했다. 세미르는 사흘 전부터 시골에 가 있었다. 세미르를 찾아가는 도중, 그 아름다운 여인이 자기는 애꾸눈이들에 대해 견딜 수 없는 혐오감을 갖고 있다고 거만하게 공언하고서 바로 그날 밤 오르칸과 결혼했다는 사실을 자디그는 알게 되었다. 이 소식에 자디그는 의식을 잃고 쓰러졌고, 그의 괴로움은 그를 무덤 언저리까지 데려다놓았으며,

오래도록 아팠다. 하지만 결국 이성이 비탄을 이겨냈고, 그가 겪은 참혹함은 그의 위안에 유익하기까지 했다.

"궁정에서 길러진 여자의 그토록 잔인한 변덕을 겪었으니 나는 보통 시민인 여자와 결혼해야 한다."고 자디그는 말했다.

그는 그 도시에서 가장 지혜롭고 가장 집안이 좋은 아조라를 선택했다. 그는 그녀와 결혼해서 가장 다정한 결합의 달콤함 속에서 한 달을 보냈다. 단, 그녀에게서 약간의 가벼움을 발견했고, 외모가 뛰어난 젊은이들이 가장 많은 지성과 덕성을 갖춘 사람들이라고 늘 생각하는 경향을 간파했다.

# 2장 코



어느 날 아조라가 몹시 화가 나서 큰 목소리로 한탄을 하며 산책에서 돌아왔다.

"왜 그러는 거요, 여보? 누가 당신을 그렇게 흥분하게 만든 거요?" 자디그가 물었다.

"참 나! 내가 방금 목격한 광경을 당신이 보았다면 당신도 나처럼 분개할 거예요" 그녀가 말했다. "나는 젊은 과부 코스루를 위로하러 갔었답니다. 그 여자는 이틀 전 자신의 젊은 남편의 무덤을 이 초원 사이로 흐르는 시냇물 곁에 세워놓았지요.

그녀는 괴로워하면서 그 시냇물이 흐르는 한 무덤 곁에 항상 머물러 있겠다고 신들에게 맹세했었어요."

"아니, 그렇다면 자기 남편을 진정으로 사랑한 존경스런 여인이구려!" 자디그가 말했다.

"아! 그런데 내가 그녀를 방문했을 때 그녀가 열심히 뭘 하고 있었는지 당신이 안다면...!" 아조라가 대꾸했다.

"무엇을 하고 있던가요, 아름다운 아조라?" 자디그가 물었다.

"시냇물 물길을 다른 데로 돌리고 있었어요." 그러고 나서 아조라는 젊은 과부에 대해 너무나 긴 욕설을 퍼붓고 너무나 격렬한 비난을 터뜨렸다. 그런 부덕(婦德)의 허영은 자디그 마음에 들지 않았다.

자디그에게는 카도르라는 이름의 친구가 있었다. 카도르는 자디그의 아내가 다른 누구보다도 더 정직하고 더 장점이 많다고 여기는 젊은이들 중 하나였다. 자디그는 카도르에게 속내 이야기를 했고,

상당한 선물을 하여 최대한 확실하게 자기편으로 만들어놓았다. 아조라는 시골에 있는 어느 친구네 집에서 이틀을 보낸 뒤 셋째 날 집에 돌아왔다. 하인들이 눈물을 흘리며 그녀에게 알렸다. 그녀의 남편이 바로 지난밤에 갑자기 죽었는데, 차마 그녀에게 그 불행한 소식을 전하지 못했으며 자디그를 정원 끄트머리에 있는 조상들의 무덤에 막 묻었다고 말이다. 그녀는 울면서 머리카락을 쥐어뜯었고, 자기도 죽겠다고 맹세했다.

그날 밤, 카도르가 그녀에게 얘기 좀 하자고 청했고, 그들은 둘 다 자디그의 죽음을 슬퍼하며 울었다. 다음날 그들은 전날보다 덜 울었으며, 점심식사를 함께 했다. 카도르는 그녀에게 자디그가 자기 재산의 가장 큰 몫을 그에게 남겼는데 그는 그 재산을 그녀와 함께 나누면 행복할 것이라고 슬며시 말했다. 부인은 울기도 하고 화도 내더니 진정되었다. 저녁식사는 점심식사보다 더 길었다. 그들은 더 큰 신뢰를 갖고 얘기를 나누었다. 아조라는 고인(故人)을 찬양했다. 하지만 그가 카도르에게는 없는 결점들을 갖고 있다고 그녀는 고백했다.

저녁식사가 한창일 때 카도르는 비장이 격렬하게 아프다고 하소연했다. 그러자 아조라는 걱정스러워하더니 사려 깊게도 자기가 뿌리는 향유들을 모두 가져오게 하여 비장의 통증에 좋은 향유가 있지 않은지 시험해보았다. 그녀는 위대한 헤르메스가 아직 바빌론에 있지 않은 것을 몹시 애석해했으며, 카도르가 너무 강렬한 고통을 느끼는 옆구리를 만져주기까지 했다.

"당신은 이 잔인한 병에 잘 걸리시나요?" 그녀가 동정하며 말했다.

"때때로 거의 죽을 지경이 되지요." 카도르가 대답했다. "그리고 이 통증을 진정시킬 치료책은 단 하나밖에 없는데, 그것은 바로 하루 전에 죽은 남자의 코를 옆구리에 붙이는 것이지요."

"이상한 치료법이네요" 아조라가 말했다.

"약제사 아르누 나리의 뇌졸중 치료약보다 더

이상하지는 않죠." 카도르가 대답했다.

대단한 장점을 가진 그 청년이 그렇게 이성적이기까지 한 것을 보고 아조라는 마침내 결단을 했다.

"어쨌든 내 남편이 치나바르 다리[11] 위에서 어제의 세계로부터 내일의 세계로 건너가게 될 때, 그의 코가 첫 번째 생애에서보다 두 번째 생애에서 좀 덜 길다는 이유로 그 다리의 통과를 덜 허용하기야 하겠어요?" 그녀가 말했다.

그래서 그녀는 면도칼을 집어 들고 자기 남편의 무덤으로 가서 그 무덤을 눈물로 적신 다음 무덤 안에서 쭉 뻗어 있는 자디그의 코를 베려고 가까이 다가갔다. 그 때 자디그가 한 손으로는 자기 코를 붙잡고 다른 손으로는 면도칼을 멈추게 하면서 일어나 그녀에게 말했다. "부인, 젊은 코스루에 대해 더 이상 악을 쓰지 마시오. 내 코를 베려는 거나 시냇물을 우회시키려는 거나 다 그게 그거니 말이오."

# 3장 개와 말



자디그는 '젠드'의 책에 씌어 있듯이 결혼 첫 달은 밀월(꿀 같은 달)이며 두 번째 달은 압생트[12]의 달임을 경험했다. 얼마 후 그는 아조라를 견디기가 너무 힘들어서 그녀와 이혼할 수밖에 없었고,[13] 그 이후로는 자연에 대한 연구에서 행복을 추구했다.

"신이 우리 눈 아래 펼쳐놓은 이 큰 책을 읽는 철학자보다 더 행복한 이는 없다." 자디그는 말했다. "그가 발견하는 진실들은 그의 것이다. 그는 자신의 영혼에 양식을 공급하고 그 영혼을 고양시

키며 평화롭게 산다. 그는 인간들에 대해 아무것도 두려워하지 않고, 다정한 아내가 그의 코를 베러 올 일도 전혀 없다."

이런 생각들로 꽉 찬 그는 유프라테스 강가의 어느 시골집에 은둔했다. 거기서 어느 다리의 아치 아래 물이 1초에 몇 푸스[14]나 흐르는지, 또는 양의 달보다 생쥐의 달에 비가 1세제곱린뉴[15] 더 내리는지 계산하는 일에 몰두하지는 않았다. 그는 거미줄로 비단 천을 만든다거나 깨진 유리병들로 도자기를 만들 생각 같은 것은 조금도 하지 않았다. 그보다는 특히 동물들과 식물들의 속성들을 연구했고, 곧이어 다른 사람들은 일정한 것들밖에 보지 못하는 곳에서 수천 가지 다른 것들을 발견하는 명민함을 갖게 되었다.

어느 날 그가 작은 숲 곁을 산책하고 있는데, 왕비의 내시 한 명이 그에게 달려오는 것이 보였다. 아주 큰 걱정에 싸여 있는 듯이 보이는 장교들 여러 명이 그 내시를 뒤따르면서 아주 귀한 것을 잃어버려 그것을 찾으려고 헤매는 사람들처럼 여기저기로 뛰어다녔다.

"이보게, 젊은이, 왕비의 개를 보지 못했는가?" 우두머리 내시가 자디그에게 말했다.

"그것은 수캐가 아니라 암캐였습니다." 자디그가 겸손히 대답했다.

"자네 말이 맞네." 우두머리 내시가 대꾸했다.

"그 개는 아주 작은 스패니얼 종(種)입니다." 자디그가 덧붙였다. "그 개는 바로 얼마 전에 새끼들을 낳았군요. 왼쪽 앞발은 절뚝거리고, 귀는 매우 길군요."

"그러니까 당신이 그 개를 본 거요?" 우두머리 내시가 숨을 헐떡이며 말했다.

"아니오, 그 개를 결코 본 적이 없어요. 왕비께서 암캐를 한 마리 갖고 계시는지도 전혀 알지 못했습니다."

그런데 바로 그 때 운명에서 흔히 보이는 기이함에 의해 왕의 마구간에서 가장 아름다운 말이 바빌론의 평원에서 마부의 손을 빠져나갔다. 우두머리 수렵담당관이 자디그에게 말을 걸어서 혹시 왕의 말이 지나가는 것을 본 적이 없는지 물었다.

"그 말은 가장 잘 뛰는 말이죠." 자디그가 대답했다. "키는 5피트이고, 발굽은 매우 작습니다. 꼬리의 길이는 3피트 반이고, 재갈의 부조 장식은 23캐럿짜리 금으로 되어 있고, 편자는 11데나리우스짜리 은으로 되어 있군요."[16)]

"그 말이 어느 길로 갔소? 어디에 있는 거요?" 우두머리 수렵담당관이 물었다.

"저는 그 말을 전혀 보지 못했습니다. 그런 말이 있다는 얘기도 들은 적이 없는 걸요."

우두머리 수렵담당관과 우두머리 내시는 자디그가 왕의 말과 왕비의 암캐를 훔쳐갔다고 믿어 의심치 않았다. 그래서 그를 데프테르다르[17)]의 의회로 데리고 갔다. 데프테르다르는 자디그를 태형에 처했고 나머지 인생을 시베리아에서 보내라는 판결을 내렸다. 그 판결이 내려지자마자 신하들이 말과 암캐를 되찾았다. 판사들은 자신들의 결정을 바꿔야만 하는 괴로움에 빠져 있었으나, 자디그가 자기가 본 것을 전혀 본 적 없다고 말한 데 대해 4백 온스의 금화를 물라는 벌금형을 내렸다. 자디그는 우선 이 벌금을 내야 했다. 그런 후 데프테르드다르의 심의회에서 자디그에게 자신을 변호하는 것이 허용되었다. 그는 다음과 같이 말했다.

"납의 무게와 철의 단단함과 다이아몬드의 광채와 황금과도 너무 유사한, 정의의 별들, 학문의 심연, 진리의 거울들이여! 이 존엄한 심의회에서 말하는 것이 제게 허용되었으므로, 저는 여러분에게 아후라마즈다[18]를 두고 맹세컨대, 왕비 전하의 존경스런 암캐도 본 적 없고, 왕들의 왕인 전하의 신성한 말도 본 적이 없다는 것을 맹세합니다. 제게 일어난 일은 다음과 같습니다. 저는 작은 숲 쪽으로 산책을 하던 중 존엄하신 내시님과 매우 저명하신 수렵담당관님을 만났습니다. 저는 모래 위에서 어느 동물의 자취를 보고 그것이 작은 개의 발자국인 것을 쉽게 판단하였습니다. 발자국들 사이에 모래가 약간 올라와 있는 자리에 길고 가볍게 파인 고랑들을 보고서 저는 유방들이 달려 있는 암캐라는 것과 그래서 그 암캐가 바로 며칠 전에 새끼들을 낳았다는 것을 알았습니다. 반대 방향의 다른 흔적들에서는 앞발들 곁에 모래 표면이 죽 깎여 있는 것을 보고서 그 암캐가 매우 긴 귀를 갖고 있다는 것을 알았으며, 모래가 다른 세 발보다 한 발에 의해 늘 덜 파여 있는 것을 간파하고서 우리의 존엄하신 왕비 전하의 그 암캐가 약간 절름발이라는 것을 알게 되었습니다, 감히 말씀드리자면…”

“왕들의 왕의 말에 대해 말씀드릴 것 같으면 제가 이 숲의 길에서 산책하다가 말의 편자 자국을 발견하였는데 그 자국들이 모두 일정한 거리를 유지하고 있었다는 것을 아시게 될 겁니다. 그래서 저는 생각했지요. ‘완벽한 구보를 하는 말이로구나.’ 넓이가 7피트밖에 안 되는 좁은 길에서 나무들의 먼지가 길 한가운데로부터 양쪽으로 3피트 반

떨어진 곳의 오른쪽과 왼쪽에서 약간씩 걷어져 있었습니다. 그래서 저는 생각했지요. '이 말은 꼬리가 3피트 반이어서 그 꼬리가 오른쪽과 왼쪽으로 움직일 때마다 이 먼지를 걷어낸 거로구나.' 저는 5피트 높이의 요람을 형성하고 있는 나무들 아래에서 새로 떨어진 가지들을 보았습니다. 그래서 그 말이 그곳을 건드려서 그렇게 된 것이며 그 말의 키가 5피트라는 것을 알았지요. 재갈에 대해 말씀드리자면 그것은 23캐럿짜리 금으로 되었을 것입니다. 왜냐하면 그 말이 재갈의 부조 장식들을 어느 돌에다 비볐는데, 그 돌을 보니 시금석이었습니다. 그래서 그것을 가지고 제가 시험해보았지요. 마지막으로 저는 다른 종류의 자갈들 위에 말발굽이 남겨놓은 자국들을 보고서 고운 11데나리우스짜리 은으로 편자를 댔다고 판단했습니다."

모든 법관들이 자디그의 심오하고도 예리한 식견을 찬미했으며, 그 소식은 왕과 왕비에게까지 전해졌다. 궁정의 부속실들에서고 방에서고 서재에서는 오로지 자디그에 대해서만 애기를 했다. 여러 신관들이 자디그를 마법사처럼 불태워야 한다는 의견을 개진했음에도 불구하고 왕은 자디그가 벌금형을 받아 물어야 했던 금 4백 온스의 벌금을 그에게 돌려주라고 명령했다. 서기, 집행관, 검찰관들이 화려한 차림으로 그 금화 4백 온스를 다시 갖다 주려고 자디그의 집으로 왔다. 그들은 재판비용으로 398온스만 공제하였고, 그들의 하인들은 자디그에게 사례금을 요구하였다.



자디그는 너무 박식해지는 것이 때로는 얼마나 위험한지 알게 되어서 다음 기회에는 자기가 본 것을 조금도 애기하지 않겠노라고 굳게 다짐했다.

그럴 기회는 곧 생겼다. 어느 국가사범이 도망을 쳤는데 그 죄수가 자디그의 집 창문 아래로 지나갔다. 이에 대해 자디그가 심문을 받게 되자 아무 대답도 하지 않았다. 그런데 그가 창문을 통해 그 죄수를 봤다는 것을 사람들이 증명해보였다. 그래서 자디그는 그 죄에 대해 금화 5백 온스의 벌금형에 처해졌고, 바빌론의 관습에 따라 자디그는 판사들에게 그들의 너그러움에 대해 감사를 했다. 그러면서 그는 속으로 생각했다. '맙소사! 왕비의 암캐와 왕의 말이 지나간 숲에서 산책을 하면 얼마나 불쌍하게 되는지! 그리고 창문에 기대어 있는 것은 또 얼마나 위험한 일인지! 원, 이 삶 속에서는 행복해지기가 참으로 힘들구나!'

# 4장 샘바리



자디그는 운명이 자기에게 가한 불행들을 철학과 우정을 통해 위로받고 싶었다. 그는 바빌론 성 밖의 좋은 동네에 고급 취향으로 장식된 집을 하나 갖고 있었고, 거기에다 교양 있는 신사에게 어울리는 온갖 예술과 즐거움거리들을 모아놓았다. 오전이면 그의 서재는 모든 학자들에게 개방되어 있었고, 그의 식탁은 상류사회 사람들을 맞아들였다. 하지만 그는 곧이어 학자들이 얼마나 위험한지 알게 되었다. 그리폰[19]을 먹는 것을 금지하는 조로

아스터의 법에 대해 큰 논란이 일었던 것이다.

"그리폰이라는 동물이 존재도 하지 않는데 그 동물을 어떻게 금지시킨단 말인가?" 한쪽 편 사람들이 말했다.

"그 동물이 존재해야만 한다. 우리가 그것을 먹는 것을 조로아스터가 원치 않으니까." 다른 편 사람들이 말했다.

자디그는 그들을 화합시키려고 다음과 같이 말했다.

"그리폰이 있다면 그것을 절대 먹지 맙시다. 그것이 전혀 존재하지 않는다면 우리는 더더욱 그것을 먹게 되지 않을 겁니다. 그렇게 해서 우리는 모두 조로아스터에게 순종하게 될 것입니다."

그리폰의 속성에 대해 열세 권의 책을 내고 게다가 위대한 신학자이기도 한 어느 학자가 칼데아에서 가장 어리석은, 그러므로 가장 광신적인 '예보르'라는 이름의 대신관(大神官)에게 자디그를 고소하려고 서둘러 갔다. 그 자는 태양의 가장 큰 영광을 위해서 자디그를 말뚝에 박는 형에 처하게 하고 더욱 흡족해하는 어조로 자디그로 하여금 조로아스터의 성무일과서를 낭송하게 했을 것이다. 그런데 자디그의 친구 카도르가(친구 한 명은 사제 백 명보다 훨씬 낫다.) 예보르 노인을 찾아가 말했다.

"태양과 그리폰들이 영원무궁하시기를 기원합니다! 그런데 자디그를 처벌하지 않도록 조심하십시오. 그는 성자(聖者)입니다. 그의 축사(畜舍)에는 그리폰들이 있습니다. 그는 그 그리폰들을 조금도 먹지 않습니다. 그를 고소한 자는 토끼들이 갈라진 발을 갖고 있고 조금도 불결하지 않다고 감히 주장하는 이단자입니다."

그러자 예보르가 자신의 대머리를 흔들어대며 말했다.

"그렇다면! 자디그는 그리폰들에 대해 잘못 생각한 죄로 말뚝에 박히는 형에 처하고, 다른 자는 토끼들에 대해 잘못 말한 죄로 말뚝에 박히는 형에 처하도록 해야겠구나."

그러자 카도르는 예보르가 임신을 시킨 적이 있고 또한 신관들의 모임에서 상당한 영향력이 있는 어느 시녀를 이용하여 그 사건을 진정시켰다. 그래서 아무도 말뚝에 박히지 않았다. 이에 대해 몇몇 신관들은 구시렁구시렁했으며, 바빌론이 문란해질 전조라고 말하기도 했다.

자디그는 외쳐댔다. "행복이란 무엇에 달려 있는 건가! 이 세상에서는 모든 것이 나를 박해하고, 심지어 존재하지도 않는 존재들까지 나를 박해하는구나."



자디그는 학자들을 저주하고, 더 이상 그들과 더불어 지내지 않고 싶었다.

그는 자기 집에 바빌론에서 가장 교양 있는 신사들과 가장 상냥한 귀부인들을 불러 모았다. 그는 세련된 저녁식사를 대접했고, 이에 앞서 종종 음악회가 열렸으며, 매력적인 대화들로 활기가 넘쳤다. 그는 그 대화들에서 기지를 드러내 보이려는 열의를 몰아낼 줄 알았다. 기지를 드러내 보이려고 전전긍긍하는 것은 사실상 기지를 전혀 갖지 못하는 가장 확실한 방법일 뿐만 아니라 아주 탁월한 그 모임을 망치는 가장 확실한 방법이기도 하다. 그의 친구들이건 요리건 허영에 의해 선택되지 않았다. 왜냐하면 그 모든 것에서 그는 겉으로 보이는 것보다 실제 모습을 선호했기 때문이다. 그럼으로써 그는 진정한 존경을 받게 되었고, 그렇다고 해서 그가 그런 존경을 열망한 것도 아니었다.

그의 집 맞은편에는 천박한 얼굴에 못된 영혼이 드러나는 인물인 아리마즈가 살고 있었다. 그는 원한으로 괴로워하고 오만하기 짝이 없으며, 설상가상으로 지루한 재담가이기도 했다. 그는 사교계에서 통 성공을 못하자 사교계를 험담하는 것으로 복수를 했다. 아주 부자이면서도 아첨꾼들을 자기 집에 모아 놓기가 힘들었다. 저녁마다 자디그네 집에 들어가는 장식마차들 소리가 그를 짜증나게 했고, 자디그를 칭찬하는 소리는 더욱 약 오르게 했다. 때때로 그는 자디그네 집에 가서, 주인이 청하지도 않았는데 식탁에 앉곤 했다. 거기서 그는 모인 사람들의 즐거움을 온통 망쳐버리고 말았다. 하르피이아들이[20] 만지는 고기는 모두 상해버린다고들 얘기하는 것처럼 말이다. 어느 날엔가는 그가 어떤 부인에게 파티를 열어주고 싶어 한 적이 있었는데, 그 부인은 그 파티 초대에 응하지 않고 자디그네 집으로 저녁식사를 하러 가버렸다. 또 어떤 날엔가는 자디그가 궁정에서 그와 함께 얘기를 하며 어느 장관에게 다가갔는데 그 장관이 자디그에게만 저녁식사를 하러 오라고 청하고 아리마즈에게는 청하지 않았다. 인정사정없는 증오란 보통 그보다 더 대단한 이유를 갖고 있는 게 아니다. 바빌론에서 '샘바리'라고 불리던 그 남자는 자디그를 파멸시키고 싶었다. 왜냐하면 자디그가 '행복한 사람'으로 불리었기 때문이다. 조로아스터가 말한 바처럼, 나쁜 짓을 할 기회는 하루에 백 번 있고, 착한 일을 할 기회는 일 년에 한 번 있다.

샘바리는 자디그네 집에 갔다. 자디그는 친

구 둘과 어느 부인과 함께 자기 정원에서 산책하고 있었다. 그 부인에게 자디그는 연애에 관한 것들을 종종 얘기했지만 그저 얘기를 하는 것일 뿐이지 다른 의도는 없었다. 대화는 왕이 속국 히르카니아의 군주를 상대로 싸우다가 행복하게 막 종결시킨 전쟁에 대해 흘러갔다. 자디그는 그 짧은 전쟁에서 왕이 보여준 용기에 주목하게 하고 왕을 많이 칭송했으며, 얘기 상대인 부인에 대해서는 왕보다 훨씬 더 많이 칭송했다. 그는 자신의 서판을 집어 들고는 거기에다 즉석에서 지은 시 네 편을 적어서 그 아름다운 사람이 읽게 해주었다.

그의 친구들이 자기네에게도 알려달라고 부탁했다. 겸손함 때문에 혹은 그보다는 당연히 자존심 때문에 그러지 않았다. 그는 즉흥시란 그 시를 바치는 대상에게만 좋을 뿐이라는 것을 알고 있었다. 그는 자기가 썼던 서판을 둘로 잘라버리고 그 두 조각을 장미나무 덤불 속에 던져버렸다. 사람들이 거기서 그 서판 조각들을 찾아보았으나 소용없었다.

갑자기 비가 좀 내려서 사람들은 다시 집으로 들어갔다. 샘바리는 정원에 남아서 계속 찾아다니더니 서판 한 조각을 찾아냈다. 그 서판은 각 행을 채우던 시구(詩句)들의 반쪽짜리 행들이 각각 하나의 의미를 띠도록 잘라져 있었고, 심지어 더 작은 소절의 시를 완벽히 형성하기까지 했다. 그런데 그보다 훨씬 더 이상한 일은, 우연하게도 그 작은 시구들이 왕에 대해 더없이 끔찍한 욕설을 담는 의미를 형성하였다는 점이다. 그것들을 읽어보면 다음과 같다.

가장 큰 중죄들에 의해
확고히 다진 왕좌에서
공공의 평화 속에서
유일한 적.

샘바리는 생전 처음으로 행복했다. 그는 덕성스럽고 사랑스런 사람을 파멸시킬 만한 것을 손에 쥐게 된 것이다. 그 잔인한 기쁨에 겨워서 자디그의 손으로 씌어진 그 풍자시를 왕에게까지 전해지게 만들었다. 그래서 자디그와 그의 두 친구, 그리고 함께 있던 부인은 감옥에 들어가게 되었다. 자디그의 얘기는 들어주지도 않고 곧이어 그에 대한 재판이 벌어졌다. 그가 자신에 대한 판결을 받으러 왔을 때 그가 지나가는 자리에 샘바리가 있었다. 그 샘바리는 자디그에게 그의 시는 아무 가치도 없노라고 큰 소리로 말했다. 자디그는 자기가 좋은 시인이라고 뻐기지는 않았지만 왕에 대한 대역 죄인으로 처형 받는 것과 자기가 저지르지도 않은 죄에 대해 아름다운 부인과 두 친구가 감옥에 붙잡혀 있게 된 것이 절망스러웠다. 그의 서판이 말하고 있었으므로 그에게는 말하는 것이 허용되지 않았다. 그러한 것이 바빌론의 법이었다. 그리하여 그는 호기심에 찬 군중들 사이로 형벌을 받으러 가게 되었고, 군중들 중 그 누구도 그를 감히 동정하지 못했으며, 그의 얼굴을 살펴보기 위해 그리고 그가 의연하게 죽는지 보기 위해 몰려들었다. 그의 부모만 비통해했다. 왜냐하면 상속을 받지 못하기 때문이었다. 자디그의 재산 중 4분의 3은 몰수되어 왕에게 돌아갔고, 나머지 4분의 1은 샘바리에게 돌아갔다.

자디그가 죽음을 준비하고 있을 때 왕의 앵무새가 왕의 발코니로부터 날아가서 자디그의 정원에 있는 장미나무 덤불을 덮쳤다. 거기에는 이웃 나무의 복숭아 하나가 바람 때문에 거기로 옮겨져 있었는데, 그 복숭아가 어느 서판 조각 위로 떨어져 그 서판 조각에 달라붙어 버렸다. 새는 복숭아와 서판을 집어 올려서 왕의 무릎 위에 갖다 놓았다. 군주는 호기심이 많아서 그 서판에서 아무 의미도 형성하지 않고 시구들의 끝부분들인 것처럼 보이는 글자들을 읽었다. 그는 시를 좋아했다. 시를 좋아하는 군주들은 언제나 의지할 만하다. 앵무새가 한 일이 그로 하여금 몽상에 젖게 했다. 그러던 중 자디그의 서판 한 조각에 씌어졌던 것을 기억하고 있던 왕비가 그 서판 조각을 가져오게 했다. 그 두 조각을 맞춰보니 꼭 맞아떨어졌다. 그래서 자디그가 본래 지었던 시를 읽어보았다.

가장 큰 중죄들에 의해 땅이 혼란스러워지는 것을 나는 보았다.

확고히 다진 왕좌에서 왕은 모든 것을 길들일 줄 안다.

공공의 평화 속에서 사랑만이 전쟁을 한다.

유일한 적, 두려워해야 할 유일한 적은 바로 사랑이다.

왕은 자디그를 자기 앞으로 데려오고 그의 두 친구와 아름다운 부인을 감옥에서 풀어주라고 즉각 명령했다. 자디그는 왕과 왕비의 발아래로 몸을 던져 땅에 얼굴을 대고 있었다. 그는 왕과 왕비에게 나쁜 시를 지어서 죄송하다고 매우 겸허히 용서를 구하고 나서 너무나 우아하게 그리고 재치 있고 올바르게 말을 하여 왕과 왕비는 그를 다시 보고 싶어 했다. 그는 그들을 보러 다시 왔고, 그들의 마음에 더욱 들게 되었다. 그를 부당하게 고소한 샘바리의 모든 재산이 그에게 주어졌다. 하지만 자디그는 그 재산을 모두 샘바리에게 돌려주었다. 샘바리는 자기 재산을 잃지 않게 된 것에 대해서만 기뻐했다. 자디그에 대한 왕의 호평은 날로 커져만 갔다. 왕은 그에게 자신의 모든 즐거움거리를 주었고, 모든 일에서 그의 자문을 구했다. 왕비는 그 이후로 그녀에게나 그녀의 존엄한 남편인 왕에게, 자디그에게, 그리고 왕국에게 위험해질 수도 있을 호의를 갖고 그를 쳐다보았다. 자디그는 행복해지는 것이 그리 어려운 일이 아니라고 믿기 시작했다.

# 5장 관대한 사람들



5년마다 한 번씩 돌아오는 큰 축제를 벌일 때가 왔다. 5년에 한 번씩 시민들 중에서 가장 관대한 행위를 한 사람을 엄숙하게 선포하는 것이 바빌론의 풍습이었다. 고관대작들과 신관들이 심사위원들이었다. 도시의 관리를 담당하는 우두머리 태수가 자신의 치세 때 일어났던 가장 아름다운 행위들을 발표했다. 사람들은 투표를 하러 갔고, 왕이 판결을 내렸다. 지구 끝에 있는 곳들에서까지 이 성대한 축제를 보러 왔다. 승자는 군주의 손으로부터 보석으로 장식된 금잔(金盞)을 받고, 왕은 그에게 다음과 같이 말하곤 했다.

"관대함을 치하하는 이 상을 받으시오. 신께서 당신과 같은 신하들을 내게 많이 주실 수 있게 되기를!"

그 기념비적인 날이 오자 왕은 고관대작들, 신관들, 그 대회에 온 모든 나라의 대표사절들에 둘러싸여 왕좌에 나타났다. 그 대회에서 영광은 언변의 경쾌함이나 신체의 힘을 통해 얻어지는 것이 아니라 덕성을 통해 얻어진다. 우두머리 태수가 그 더없이 귀중한 상을 받을 만한 주역들이 한 일들을 큰 목소리로 보고했다. 그는 자디그가 샘바리에게 그의 모든 재산을 돌려주게 한 그 영혼의 위대함에 대해서는 조금도 얘기하지 않았다. 그것은 상을 놓고 다툴 만한 가치가 있는 행위가 아니었다.

우두머리 태수는 우선 어느 판사를 소개했다. 그 판사는 어느 시민의 중요한 소송을 어떤 오류 때문에 패하게 만들었는데, 사실상 그 오류가 그 판사의 책임도 아니면서 상대방이 잃어버린 가치에 해당하는 자신의 재산을 그 시민에게 주었다.

다음으로는 어느 아가씨를 미치도록 사랑하게 되어 그녀와 결혼할 참인데 그녀에 대한 사랑으로 숨을 거두게 될 지경인 어느 친구에게 그녀를 양보하고 아울러 그녀의 지참금까지도 대신 내준 청년을 소개했다.

그 다음에는 히르카니아 전쟁에서 아주 대단한 모범을 보여주었던 어느 병사를 등장시켰다. 그는 적군 병사들이 그의 애인을 납치하려 들자 그들과 대항해 그녀를 방어했다. 그런데 사람들 말에 따르면, 다른 히르카니아 병사들이 거기서 몇 발자국 떨어진 곳에서 그의 어머니를 납치하고 있었다고 한다. 그러자 그는 애인을 안타까워하면서도 그 자리를 떠나 어머니를 구출하러 달려갔다. 그런 다음 자기가 사랑하는 여인에게 돌아왔으나 그 여인은 죽어가고 있었다. 그는 자기 목숨을 끊으려 했다. 하지만 그의 어머니가 의지할 사람이라고는 그밖에 없다며 나무라자 삶을 견딜 용기를 갖게 되었다.

심사위원들은 그 병사에게 마음이 기울어 있었다. 왕이 발언권을 잡아 말했다.

"그의 행위와 다른 후보자들의 행위들은 아름답소. 하지만 나를 놀라게 하지는 않소. 어제 자디그는 나를 놀라게 한 행동을 하나 하였소. 며칠 전에 나는 총애하던 신하이자 장관인 코레브를 파면시켰었소. 나는 그에 대해 격렬하게 개탄하였고, 내 신하들은 모두 내가 너무 부드러웠다고 확언했소. 코레브에 대해 서로 앞 다투어 가장 나쁘게 말하려 들었소. 나는 자디그에게 그에 대해 어떻게 생각하느냐고 물었소. 그랬더니 자디그는 그에 대해 감히 좋게 얘기하였소. 나는 우리의 역사 속에서 자기가 하지 않은 실수에 대해 자신의 재산으로 물어준다거나 연인보다 어머니를 택하여 연인을 양보한 사례들은 본 적이 있다고 말하지 않을 수 없소. 하지만 자신의 군주가 어느 장관에 대해 화를 내며 그를 파면시켰는데 그 장관에 대해 좋게 얘기하는 신하는 본 적이 없소. 우두머리 태수가 낭독한 관대한 행위들의 주역들 각자에게는 금화 2만 개씩 주겠소. 하지만 금잔은 자디그에게 주겠소."

"전하." 자디그가 왕에게 말했다. "그 금잔을 받을 가치가 있는 사람은 오로지 전하 한 분뿐입니다. 전대미문의 가장 놀라운 행위를 하신 분은 전하이십니다. 왕이시면서도 전하의 노예가 전하의 열정에 반박할 때 조금도 화를 내시지 않으니 말입니다."

사람들은 왕과 자디그를 찬미했다. 자신의 재산을 패소자에게 주었던 판사, 자신이 사랑하는 여인을 친구에게 결혼시킨 연인, 애인의 구원보다 어머니의 구원을 택했던 병사는 군주의 선물들을 받았으며 자신들의 이름이 관대한 사람들의 책에 기록되는 것을 보았다. 자디그는 금잔을 얻게 되었다. 왕은 좋은 군주라는 명성을 획득했다. 그런데 그 명성을 오래 간직하지는 못했다. 어찌됐든 그

날은 법이 제정한 것보다 더 오래 축제를 벌이면서 기념되었다. 그 날에 대한 기억은 아시아에서 아직도 보존되고 있다. 자디그는 말했다. “그러므로 나는 드디어 행복하다!” 하지만 그는 잘못 생각한 것이다.

# 6장 장관



왕이 수상을 잃었다. 그는 그 자리를 채우기 위해 자디그를 선택했다. 바빌론의 모든 아름다운 귀부인들이 그 선택에 박수를 보냈다. 왜냐하면 그 제국이 설립된 이래 그렇게 젊은 장관이 있었던 적이 없기 때문이다. 모든 궁신(宮臣)들이 분개했다. 샘바리는 피를 토하고 코가 엄청나게 부어올랐다. 자디그는 왕과 왕비에게 감사를 한 다음 앵무새에게도 감사하러 갔다.

"아름다운 새여, 내 생명을 구해준 것도 그대

이고, 나를 수상으로 만들어준 것도 그대입니다. 전하들의 암캐와 말이 나를 많이 힘들게 했지만 그대가 내게 좋은 일을 해주었습니다. 인간들의 운명이 어디에 달려 있는지 보십시오!" 자디그는 이렇게 말하더니 덧붙였다. "하지만 이토록 이상한 행복은 아마 곧이어 사라질 것입니다."

그러자 앵무새가 대답했다.

"그렇습니다."

이 말이 자디그의 인상에 깊이 박혔다. 그렇지만 그는 훌륭한 자연과학자였고, 앵무새들을 예언자라고 믿지는 않았으므로 곧이어 다시 안심하였다. 그는 최선을 다해 자신의 직무를 수행하기 시작했다.

자디그는 모든 사람들에게 법의 신성한 힘을 느끼게 했으며 자신의 위엄의 무게는 아무에게도 느끼게 하지 않았다. 그는 어전회의의 목소리들을 조금도 제약하지 않았고, 대신들은 각자 자기 의견을 가질 수 있었으며 그러는 것이 자디그를 불쾌하게 만들지도 않았다. 그가 어느 사안을 판단할 때 그 판단을 하는 것은 그가 아니라 법이었다. 하지만 법이 너무 혹독하면 그는 법을 완화시켰다. 법이 결여되어 있으면 그의 공정함이 법을 만들었는데, 사람들이 조로아스터의 법으로 여겼을 만한 그런 법이었다.

바로 그에게서 나라들이 그 위대한 원칙을 물려받았다. 죄 없는 사람을 처벌하기보다는 죄인 하나를 구제하는 것을 감행하는 것이 낫다는 원칙 말이다. 법이란 시민들을 겁먹게 하기 위해서뿐만 아니라 그들을 구제하기 위해서 만들어졌다고 자디그는 믿었다. 그의 주요 재능은 모든 사람들이 은폐하려 애쓰는 진실을 밝혀내는 것이었다. 직무수행 초기부터 그는 그 대단한 능력을 사용했다. 바빌론의 어느 유명한 교역상이 인도에서 죽었을 때이다. 그 상인은 딸을 결혼시킨 후 상속자들인 두 아들에게 유산을 똑같이 나눠 물려주게 해놓았었다. 그리고 두 아들 중에서 자기를 더욱 사랑한다고 판단되는 아들에게는 금화 3만 개를 선물로 남겨놓았다. 큰아들은 아버지를 위해 무덤을 지었고, 둘째 아들은 자기가 받은 유산의 일부로 누이의 지참금을 늘려주었다. 그러자 사람들은 말했다.

"아버지를 가장 사랑하는 아들은 큰아들이군. 작은 아들은 누이를 더 사랑하고 있어. 그러니까 금화 3만 개는 큰아들 것이야."

자디그는 그 둘을 한 명씩 오게 했다. 그는 큰아들에게 말했다.

"자네 아버지는 죽지 않았네. 그가 마지막에 걸린 병에서 회복되어 바빌론으로 돌아올 걸세."

"천만다행이네요!" 그 청년이 말했다. "하지만 무덤을 짓느라 내가 돈을 아주 많이 썼는데!"

자디그는 이어서 둘째 아들에게도 똑같은 말을 했다.

"천만다행이네요!" 젊은이가 대답했다. "제가 갖고 있는 모든 것을 아버지께 돌려드리겠습니다. 하지만 제가 누이에게 주었던 것은 그냥 누이에게 놔두고 싶습니다.”

“자네는 아무것도 돌려주지 않아도 되네.” 자디그가 말했다. “자네는 금화 3만 개를 갖게 될 걸세. 자네 아버지를 가장 사랑하는 사람은 자네니까.”

아주 부유한 어느 아가씨가 두 명의 신관에게 결혼을 약속했다. 그리고 몇 달간 각각으로부터 가르침을 받은 후 임신을 하게 되었다. 그들은 둘 다 그녀와 결혼하고 싶어 했다.

“나는 두 사람 중에서 나로 하여금 이 제국에 시민을 한 명 제공하게 해준 사람을 남편으로 맞아들이겠어요.” 그녀가 말했다.

“그 훌륭한 일을 한 사람은 나입니다.” 한 신관이 말했다.

“그런 이로운 일을 한 사람은 나입니다.” 다른 신관이 말했다.

“그렇다면 두 사람 중에서 아이에게 가장 좋은 교육을 시켜줄 사람을 아이의 아버지로 인정하겠어요." 여인이 말했다.

그녀는 아들을 낳았다. 신관들 각자는 그 아이를 키우고 싶어 했다. 그래서 그 소송사건이 자디그 앞으로 가져가졌다. 자디그는 두 신관을 오게 했다.

"너는 네 피후견인에게 무엇을 가르칠 거냐?" 자디그가 한 신관에게 말했다.

"저는 여덟 편의 연설문, 변증법, 천문학, 빙의 망상에 대해 가르치고, 본질과 우연성, 추상성과 구체성, 모나드와 예정조화설이 무엇인지 가르치겠습니다." 한 신관이 말했다.

"저는 그 아이가 올바르고 친구들을 가질 만한 자격이 되도록 만들려고 노력하겠습니다."

그러가 자디그가 판결했다.

"네가 그 아이의 아버지건 아니건 간에 그 아이의 어머니와 결혼할지어다."

7장

# 논란과 청중



그런 식으로 자디그는 날마다 자신의 섬세한 천재성과 선한 영혼을 드러내보였다. 사람들은 그를 찬미했고, 그러면서도 그를 사랑했다. 그는 모든 사람들 중에서 가장 복 받은 사람으로 통했고, 온 제국이 그의 이름으로 가득 찼다. 모든 여인들이 그에게 추파를 던졌고, 모든 시민들이 그의 공정함을 찬양했다. 학자들은 그를 권위자로 여겼으며, 사제들조차 자디그가 대신관 예보르보다 더 많이 안다고 인정했다. 이제 그에게 그리폰에 대한 소송을 거는 일은 없었고, 사람들은 믿을 만해 보이는 것만 믿었다.

바빌론에서 1500년 전부터 지속되어 제국을 고집스런 두 파벌로 나누어놓는 큰 논쟁이 있었다. 한 파벌은 미트라[21] 사원에 왼쪽 발을 먼저 들여놓아야 한다고 주장하고, 다른 파벌은 이 관습을 혐오하고 오로지 오른발부터 들여놓았다. 사람들은 자디그가 어느 쪽 파벌을 선호할지 알기 위해 성화(聖火)의 엄숙한 축제날을 기다리고 있었다. 모든 사람들이 그의 두 발에 주목했고, 온 도시가 흥분과 긴박감에 싸여 있었다. 자디그는 두 발을 모으고 펄쩍 뛰어 사원으로 들어갔으며, 이어서 웅변적인 연설을 통해 하늘과 땅의 신은 아무도 차별하지 않으며 오른발보다 왼발을 더 중요시하지도 않는다는 것을 논증했다.

샘바리와 그의 아내는 자디그의 연설 속에 수사적인 표현들이 충분치 못하여 산들과 언덕들을 충분히 춤추게 하지 못했다고 주장했다.[22]

“그는 딱딱하고 재능도 없다.” 그들은 말했다. “그의 연설 속에서는 바다가 도망치는 것도,[23] 별들이 떨어지는 것도,[24] 태양이 양초처럼 녹아버리는 것도 볼 수가 없다.[25] 그는 훌륭한 동양식 문체를 조금도 갖고 있지 못하다.”

자디그는 합리적인 문체를 갖고 있는 것으로 만족했다. 모두가 그의 편이었다. 그가 올바른 길에 있어서도 아니고, 그가 이성적이어서도 아니고, 그가 사랑스러워서도 아니다. 그가 총리대신이었기 때문이다.

그는 하얀 신관들과 검은 신관들 사이의 큰 소송도 다행히 끝내버렸다. 하얀 신관들은 신에게 기도하면서 겨울의 동쪽을 향해 몸을 돌리는 것이 불경한 일이라고 주장했고, 검은 신관들은 신은 여름의 서녘으로 몸을 돌리는 사람들의 기도들을 끔찍해한다고 확언했다. 자디그는 각자 자기가 원하는 쪽으로 몸을 돌리라고 명령했다.

그는 그런 식으로 오전이면 특별한 사안들과

일반적인 사안들을 신속하게 해치우고, 나머지 시간에는 바빌론을 아름답게 꾸미는 일에 몰두했다. 그는 사람들을 눈물 흘리게 만드는 비극작품들과 사람들을 웃게 만드는 희극작품들을 상연케 했는데, 그런 것들은 오래 전부터 유행에 뒤지는 것이었지만 그의 뛰어난 감각 덕분에 그런 작품들을 되살아나게 했다. 그는 그런 것들에 대해 예술가들보다 더 잘 안다고 주장하지는 않았다. 예술가들에게 혜택과 상 같은 것으로 재능에 대한 보상을 해주었으며 그들의 재능에 대해 속으로 질투하는 일도 전혀 없었다. 저녁이면 그는 왕과 특히 왕비를 매우 즐겁게 해주었다.

왕은 말했다. "대단한 장관이야!"

왕비는 말했다. "사랑스런 장관이에요!"

그러고는 둘 다 덧붙였다. "그를 교수형에 처했다면 크게 애석할 뻔했네."

요직에 있는 그 누구도 귀부인들을 그렇게 많이 접견해야 하는 경우가 없었다. 대부분은 전혀 있지도 않은 사건들에 대해 말하러 오곤 했다. 그와 사건을 하나 만들어보려고 온 것이다. 샘바리의 아내가 처음 찾아온 여인들 중에 속했다. 그녀는 자디그에게 자기 남편의 처신을 증오했노라고 미트라, 젠다-베스타,[26] 그리고 성화를 두고 맹세했다. 그러고 나서 그 남편은 질투장이이며 난폭한 사람이라고 털어놓았으며, 남자만 불멸의 신들과 비슷하게 만들어주는 성화[27]의 귀한 효과를 신들이 그 남편에게 거부하여 그를 벌하였다고 암시하고는 마지막으로 자신의 스타킹 고정용 밴드를 떨어뜨렸다. 자디그는 평소처럼 예의바르게 그 밴드를 주웠다. 하지만 그 부인의 다리에 다시 매어주지는 않았다. 그런 조그만 잘못은 단 한 번뿐이라 하더라도 아주 끔찍한 불행의 원인이 된다. 자디그는 그것을 생각 못했지만, 샘바리의 아내는 그것에 대해 많이 생각했다.

다른 귀부인들이 매일매일 찾아왔다. 바빌론의 비밀 연대기들은 그가 딱 한 번 넘어간 적이 있지만 관능적 쾌감 없이 즐겼고 상대방을 껴안던 순간에도 정신을 다른 데 두고 있어서 스스로 놀라워했다고 주장한다. 그가 거의 의식하지 못한 채 호의를 베풀게 된 그 여인은 아스타르테 왕비의 시녀였다. 그 다정한 바빌론 여인은 스스로를 위로하려고 이렇게 생각했다.

'그 사람은 머릿속이 일에 대한 생각으로 꽉 차 있는 게 틀림없어. 사랑을 나누면서도 여전히 일만 생각하고 있으니 말이야.'



어떤 사람들은 아무 말 하지 않고, 또 어떤 사람들은 성스런 말만 내뱉는 그런 순간에 자디그는 불쑥 자기도 모르게 소리를 질렀다.

"왕비!"

왕비의 시녀는 그가 절정의 순간에 마침내 제정신이 돌아와서 "내 왕비!"라고 말한 것이라고 믿었다. 하지만 자디그는 여전히 아주 방심하여 '아스타르테'라는 이름을 내뱉었다. 상대방 여인은 그 행복한 정황 속에서 모든 것을 자신에게 이롭게 해석

하여 그것은 "당신은 아스타르테 왕비보다 더 아름답소."라는 뜻이라고 생각했다. 그녀는 아주 아름다운 선물들과 함께 자디그의 후궁에서 나왔다. 그녀는 자기가 겪은 일을 가장 친한 친구인 샘바리의 아내에게 얘기해주러 갔다. 샘바리의 아내는 자디그가 왕비의 시녀를 선호한 것에 대해 몹시 분개했다.

"나한테는 이 밴드를 다시 매어주는 일조차 해주지 않더니… 이 밴드를 더 이상 사용하지 말아야지." 샘바리의 아내가 말했다.

"오! 오! 당신은 왕비님과 같은 밴드를 매고 있네요." 행운의 여인이 샘바리 아내에게 말했다. "그러니까 같은 가게에서 사셨나보네요?"

샘바리의 아내는 깊은 몽상에 젖어 아무 대답도 않고 자기 남편인 샘바리에게 조언을 구하러 갔다.

그러는 동안 자디그는 자기가 부인들을 접견할 때나 판결을 내릴 때나 늘 정신이 딴 데 가 있다는 것을 깨달았다. 그는 자기가 왜 그러는지 알지 못했다. 그것이 그의 유일한 괴로움이었다.

자디그는 꿈을 꾸었다. 처음에는 마른풀 위에서 누워 있었는데 그 마른풀들 사이에 그를 불편하게 하는 따가운 마른풀이 몇 개 있었으며, 그 다음에는 그가 장미꽃 더미 위에 폭신하게 누워 쉬고 있었는데 거기서 뱀 한 마리가 나와 날카롭고 독이 있는 혀로 그의 심장에 상처를 낸 것 같았다.

"아아! 나는 그 건조하고 따가운 풀들 위에 오래 누워 있었다. 그러다가 지금은 장미꽃 더미 위에 있다. 그런데 뱀은 뭘까?"

# 8장 질투



자디그의 불행은 바로 그의 행복으로부터 왔으며, 무엇보다 그의 장점으로부터 왔다. 그는 매일 왕과 그의 존엄한 왕비 아스타르테와 함께 대화를 나눴다. 자디그가 하는 대화의 매력은 즐겁게 해주려는 욕구에 의해 배가되었는데, 재기(才氣) 속의 이런 욕구는 치장 속의 미모와 같은 것을 의미한다. 그의 젊음과 매력은 아스타르테에게 처음에는 그녀도 알아채지 못하던 인상을 느끼지 못하는 새에 서서히 심어주었다. 그녀의 열정은 순진함

가운데서 커져만 갔다. 아스타르테는 자기 남편과 국가에게 소중한 존재인 그 남자를 보고 그의 얘기를 듣는 즐거움에 조심성 없이 그리고 두려움 없이 빠져들었다. 그녀는 왕에게 끊임없이 자디그를 칭찬했으며, 자기 시녀들에게 그에 대해 얘기하였다. 그러면 시녀들은 그녀의 칭찬에 더욱 가세하였다. 모든 것이 그녀의 가슴에 그녀가 느끼지 못하는 화살을 박아놓는 데 일조했다. 그녀는 자디그에게 선물들을 주었고, 그러면 그는 예상보다 더 기분 좋은 태도를 보였다. 그녀는 그가 일을 잘해서 흡족해하는 왕비의 자격으로서만 그에게 말하고 있다고 믿었지만, 때때로 그녀의 표현은 민감한 여인이 하는 표현이었다.

아스타르테는 애꾸눈이들을 그토록 증오하던 그 세미르나 자기 남편의 코를 베고 싶어 했던 또 다른 여인보다 훨씬 더 예뻤다. 아스타르테의 친근한 태도, 그녀 스스로 얼굴을 붉히기 시작하며 하는 다정한 말들, 그녀가 다른 데로 돌리려 하지만 그의 시선에 머무르고야 마는 시선 등은 자디그의 마음에 그 자신도 놀라워하는 불을 질러놓았다. 그는 마음속으로 투쟁했다. 그를 언제나 구해주곤 했던 철학에 구조를 요청해보기도 했으나 깨달음은 얻었지만 위로는 전혀 받지 못했다. 의무, 감사하는 마음, 침해된 군주의 위엄 등이 복수의 신들처럼 그의 눈앞에 나타났다. 그는 싸웠고, 그는 승리했다. 하지만 매순간 쟁취해야 했던 그 승리는 그로 하여금 흐느낌과 눈물을 치르게 했다. 그는 왕비와 자신 둘 다에게 그토록 큰 매력이었던 달콤한 자유를 맛보면서 왕비에게 말하는 것은 더 이상 감히 하지 못했다. 그의 눈은 구름으로 덮였고 그의 얘기는 부자연스러웠으며 조리가 없었다. 그는 시선을 내리깔았으며, 자기도 모르게 시선이 아스타르테 쪽으로 돌려졌을 때면 눈물에 젖은 왕비의 눈과 마주치게 되었다. 그 눈에서 불의 화살들이 쏘아졌으며, 그들의 눈은 서로가 서로에게 말하고 있는 것 같았다.

"우리는 서로 몹시 좋아하고 있는데 서로 사랑하는 것을 두려워하고 있어요. 우리는 둘 다 우리가 단죄하는 불길에 타고 있어요."

자디그는 그녀 곁에 있다가 어찌할 바를 모르고 넋이 나가고 정신 못 차린 채 더 이상 감당할 수 없는 짐을 너무 실은 마음을 안고 나오곤 했다. 그는 격렬하게 흥분한 탓에 자기 친구 카도르에게 자신의 비밀을 들키고 말았다. 강렬한 괴로움의 타격을 너무 오래 버텨내서 극심한 격통이 배가되자 자기도 모르게 터져 나온 외침소리와 이마에 흐르는 식은땀 때문에 자신의 아픔을 마침내 들키고야 마는 사람처럼 말이다.

카도르가 그에게 말했다.

"나는 자네가 자기 자신에게조차 감추고 싶어했던 감정을 이미 간파하였네. 열정은 혼동할 수 없는 징후를 갖고 있네. 친애하는 자디그, 내가 자네 마음을 읽었으니 왕이 그를 모독하는 감정을 자네 마음속에서 발견하게 되지 않을지 판단해보게.

왕에게는 가장 질투 많은 남자라는 결점 외에는 다른 결점이 없네. 자네는 철학자이니까, 그리고 자네는 자디그이니까, 왕비가 자신의 열정과 싸우는 것보다 더 강력하게 자신의 열정에 저항하고 있네. 아스타르테는 여자일세. 그녀는 자기가 죄를 짓고 있다고 아직 믿지 않는 만큼 더욱 경솔하게 자신의 시선이 말하도록 내버려두고 있네. 불행히도 그녀는 자신이 죄를 짓지 않고 있다고 안심하여 꼭 필요한 체면을 소홀히 하고 있네. 그녀가 자책할 일이 없는 한 나는 그녀를 위해 떨게 될 걸세. 만약 자네와 왕비가 서로 합의를 본다면 자네들은 모든 눈들을 속일 수 있을 걸세. 막 생겨나서 무찔러진 열정은 확연히 드러나지만 만족한 사랑은 자신을 감출 줄 아네."

자디그는 자신의 은인인 왕을 배반하라는 제안에 몸을 떨었다. 그가 본의 아닌 죄로써 왕에게 죄인이 된 그 때보다 더 충성심이 든 적이 없었다. 그런데 왕비는 자디그의 이름을 너무 자주 입에 올렸고, 그의 이름을 말하면서 이마가 너무도 붉어졌다. 그녀는 왕이 있는 가운데서 자디그에게 말할 때면 어떤 때는 너무 들떠있었고, 어떤 때는 너무 망연자실해 있었다. 자디그가 나가고 나면 그녀는 너무 깊은 몽상에 사로잡혀서 왕은 당혹스러워했다. 왕은 자기가 보는 모든 것을 믿었고, 보이지 않는 모든 것을 상상했다. 그는 자기 아내의 가죽신발이 파란색이고 자디그의 가죽신발도 파란색이며, 자기 아내의 리본이 노란색이며 자디그의 모자 또한 노란색인 것을 특히 눈여겨보았다. 그것은 예민한 군주로서는 끔찍한 방증들이었다. 날카로워진 그의 정신 속에서 의혹은 확신으로 바뀌었다.

왕들과 왕비들의 노예들 모두가 그들의 마음을 살피는 첩자들이다. 아스타르테는 사랑에 빠져 있고 모압다르는 질투에 차 있다는 것이 곧 간파되었다. 샘바리는 자기 아내를 시켜서 왕에게 왕비의 스타킹 고정용 밴드와 비슷한 그녀의 밴드를 가져가게 했다. 설상가상으로 그 밴드는 파란색이었다.

왕은 오로지 복수할 방법만 생각하게 되었다. 그는 어느 날 밤 왕비를 독살하고 동틀 무렵에 자디그를 목 졸라 죽이기로 작정했다. 그 계획에 관한 명령이 복수의 집행자인 무자비한 내시에게 내려졌다. 그 때 왕의 방에는 말을 하지는 못하지만 듣지 못하는 것은 아닌 어린 난쟁이가 있었다. 사람들은 그를 늘 괴롭혔다. 그는 집안에서 키우는 동물처럼 가장 비밀스럽게 일어나는 일도 목격했다. 그 어린 벙어리는 왕비와 자디그에게 강한 애착을 갖고 있었다. 그는 그들을 죽이라는 명령이 떨어지는 소리를 듣고는 놀라고 끔찍해했다. 하지만 몇 시간 안 되어 집행될 그 무시무시한 명령을 알리려면 어떻게 해야 한단 말인가? 그는 글을 쓸 줄 몰랐다. 하지만 그림 그리는 법은 배웠었고, 특히 비슷하게 그릴 줄 알았다. 그는 왕비에게 알려주고 싶은 것을 그리느라 밤의 일부를 보냈다. 그의 그림은 격하게 분노하여 흥분된 왕이 화폭 한쪽에서 내시에게 명령을 내리고 있고, 탁자 위에는 밧줄 하나와

꽃병 하나, 파란색 밴드들과 노란색 리본들이 있으며 화폭 한가운데는 자기 시녀들 팔에 안겨서 숨져가는 왕비와 그녀의 발아래서 목이 졸려 있는 자디그를 표현해냈다. 지평선은 새벽의 첫 서광을 받으며 그 끔찍한 일들이 집행되리라는 것을 표시하기 위해 떠오르는 태양을 표현했다. 그 작품을 끝내자마자 그는 아스타르테의 한 시녀 집으로 달려가서 그녀를 깨워 그 그림을 당장 왕비에게 갖다 주어야 한다는 것을 알아듣게 했다.



한밤중에 자디그의 집 문에 누군가 와서 두드렸다. 하인들은 자디그를 깨워서 그에게 왕비의 편지를 주었다. 그는 그게 꿈이 아닐까 의심하며 떨리는 손으로 편지를 펼친다. 그의 놀라움이 어떠하겠는가! 그가 편지 내용을 읽었을 때 그를 짓누르던 경악과 절망을 그 누가 표현할 수 있겠는가!

"당장 도망가세요! 그렇지 않으면 당신의 목숨을 빼앗기게 될 겁니다! 도망가세요, 자디그. 우리의 사랑과 나의 노란색 리본들의 이름으로 당신께 명령합니다. 나는 죄를 조금도 짓지 않았지만 죄인으로 죽게 될 것이라 느낍니다."

자디그는 간신히 말할 힘이 있었다. 그는 카도르를 오게 하라고 지시하여 그에게 아무 말도 하지 않고 그 편지를 보여주었다. 카도르는 자디그에게 왕비의 말을 따르고 당장 멤피스로 출발하라고 촉구했다.

"자네가 감히 왕비를 만나러 간다면 왕비의 죽음을 재촉하는 일이 될 걸세." 카도르가 자디그에게 말했다. "만약 자네가 왕에게 말한다 해도 그녀를 잃게 되네. 내가 그녀의 운명을 맡을 테니 자네는 자네 운명을 따르게. 자네가 인도로 간 것처럼 내가 소문을 퍼뜨리겠네. 그리고 곧이어 자네를 찾으러 가서 그 사이에 바빌론에서 일어난 일들을 알려주겠네."

카도르는 그 말과 동시에 달리기에 가장 가벼운 단봉낙타 두 마리를 궁궐의 비밀 문 쪽에 대기시켜놓았다. 거기서 그는 거의 죽을 지경이 된 자디그를 낙타에 오르게 했다. 단 한 명의 하인만이 그를 동반했다. 곧이어 놀라움과 괴로움에 푹 빠진 카도르는 자기 친구를 시야에서 잃게 되었다.

이 고명한 도망자는 바빌론이 보이는 언덕 가장자리에 도착하자 왕비의 궁궐 쪽으로 시선을 돌리고는 기절해버렸다. 감각을 되찾고 나서는 그저 눈물만 흘리고 죽고만 싶어 했다. 가장 사랑스런 여인이며 세상에서 가장 탁월한 왕비인 아스타르테의 가여운 운명에 대해 생각한 후 마침내 그는 잠시 정신을 차리고 소리쳤다.

"인생이란 도대체 무엇이란 말인가? 오 덕성! 그게 나한테 무슨 소용이었나? 두 여인이 나를 부당하게 속였고, 전혀 죄를 짓지도 않았는데 두 여인들보다 더 아름다운 세 번째 여인은 이제 죽게 되다니! 내가 한 좋은 일들은 모두 언제나 나에게 저주의 원인이 되었다. 나는 명예의 절정에 올라가봤자 불행의 가장 끔찍한 낭떠러지로 떨어지기 위해서일 뿐이었다. 내가 그토록 많은 다른 사람들처럼 못되게 굴었다면 나는 그들처럼 행복해졌을 것이다.”

그런 비통한 생각에 짓눌리고, 눈은 괴로움으로 흐려지고, 얼굴은 죽음의 창백함이 드리워지고, 영혼은 어두운 절망의 과도함 속에서 상한 채, 그는 이집트로 향하는 여행을 계속했다.

# 9장 매 맞은 여인



자디그는 별들을 보며 길을 찾아갔다. 오리온 성좌와 시리우스의 빛나는 별이 그를 카노푸스 별의 극점으로 안내했다. 그는 우리 눈에는 그저 약한 불티로밖에 보이지 않는 그 광대한 빛의 천체들을 찬미했다. 그에 비하면 지구는 사실상 자연 속에서 감지할 수 없는 점 하나밖에 되지 않는데, 우리의 탐욕 때문에 너무나 크고 너무나 고귀한 것처럼 보인다. 그 때 그는 인간들의 실제 모습을 작은 진흙 원자(原子) 위에서 서로 잡아먹고 있는 곤충

들로 상상했다. 인간의 그 진정한 이미지는 자디그 자신의 존재와 바빌론의 존재의 허망함을 그에게 그려 보이면서 그의 불행을 소멸시키는 것만 같았다. 그의 영혼은 무한 속으로까지 비약하여 자신의 감각들로부터 벗어나 우주의 변함없는 질서를 관조했다. 하지만 이어서 제정신이 들고 자기 마음속으로 돌아오자 아스타르테가 어쩌면 자기 때문에 죽었을지도 모른다는 생각을 하게 되고 우주가 그의 눈앞에서 사라져버렸다. 그는 자연 전체 속에서 오로지 죽어가는 아스타르테와 불행한 자디그만 보게 되었다.

숭고한 철학과 짓눌리는 괴로움의 밀물과 썰물에 그렇게 몸을 내맡기고 있는 동안 그는 이집트의 국경 쪽으로 나아가고 있었고, 그의 충실한 하인은 벌써 처음 도달하게 된 촌락에 가서 자디그를 위해 숙박할 곳을 찾고 있었다. 그러는 동안 자디그는 그 마을 가장자리의 정원들 쪽으로 산책하고 있었다. 그런데 큰 길에서 멀지 않은 곳에 하늘과 땅에 도움을 청하며 비탄에 빠져 있는 여인과 그녀를 뒤쫓고 있는 격분한 남자가 보였다. 여인은 벌써 남자에게 붙잡혀 그의 무릎을 껴안고 있었다. 그 남자는 그녀를 마구 때리면서 야단을 쳐댔다. 그 이집트 남자가 난폭하게 구는 것과 그 여인이 그에게 자꾸 용서를 비는 걸로 봐서 남자는 질투에 차 있고 여자는 남편을 속이고 바람을 피웠을 거라고 자디그는 판단했다. 하지만 주의 깊게 살펴보니 그 여인이 대단히 아름다운데다가 불행한 아스타르테를 좀 닮기까지 한 것을 보고는 그녀에 대해서는 동정심, 이집트 남자에 대해서는 끔찍함이 느껴졌다.

"살려주세요." 그녀는 흐느끼며 자디그에게 소리쳤다. "아주 야만스런 남자의 손으로부터 저를 빼내주세요. 제 목숨을 구해주세요!"

그 외침소리에 자디그는 달려가서 그녀와 그 야만인 사이에 몸을 던졌다. 그는 이집트어를 좀 알고 있었다. 그래서 그 언어로 야만인에게 말했다.

"당신에게 인정이 좀 있다면 아름다움과 약함

을 존중하라고 간청하겠소. 당신의 발아래 있고 눈물 외에는 달리 방어책도 없으며 자연의 걸작 같은 그 여인을 당신은 그렇게 모욕할 수가 있는 것이오?"

"아! 아! 그러니까 너도 그녀를 사랑하는가보구나!" 그 성마른 남자가 말했다. "그러니까 내가 복수해야 할 상대는 바로 너로구나."

그 남자는 이렇게 말하고 나서 자기 손으로 머리채를 붙잡고 있던 여인을 놔두고 창을 잡더니 그 창으로 이방인을 찌르려 한다. 이방인은 냉정한 상태였으므로 격분한 자의 일격을 쉽게 피했다. 그는 여인이 갖고 있던 검 가까이에 박힌 창을 붙잡았다. 한 사람은 그 창을 빼내려 했고, 다른 사람은 그 창을 빼앗으려 했다. 창은 그들의 손들 사이에서 부러진다. 그러자 이집트 남자가 자기 칼을 빼낸다. 자디그도 자신의 칼을 갖고 있었다. 그들은 서로를 공격한다. 이집트 남자가 성급히 무수한 가격을 하고, 자디그는 능란하게 그 공격들을 받아

젖힌다. 여인은 잔디밭에 앉아서 머리매무새를 고친 뒤 그들을 쳐다보고 있다. 이집트 남자는 상대방보다 더 튼튼했고, 자디그는 상대방보다 더 능숙했다. 자디그는 머리가 팔을 이끄는 사람처럼 싸웠고, 상대편은 눈먼 분노가 되는 대로 동작을 이끌어가는 성마른 사람처럼 싸웠다. 자디그는 그에게 달려들어 그를 무장해제시켰다. 그러자 이집트 남자가 더욱 분격하여 자디그에게 달려들어 그를 붙잡아 짓눌렀다. 이에 자디그는 칼을 가슴 위로 잡고 그를 넘어뜨리고 나서 그에게 목숨을 살려주겠다고 제안한다. 광분한 이집트 남자는 자신의 단검을 꺼내어, 승자인 자디그가 자기를 용서하는 바로 그 순간 자디그에게 상처를 입힌다. 분개한 자디그는 그의 검을 이집트 남자의 가슴에 푹 찔러 넣는다. 이집트 남자는 끔찍한 외침소리를 내지르더니 몸부림치며 죽어간다. 자디그는 그 때 여인에게 다가가 유순한 목소리로 말한다.

"그가 나로 하여금 자기를 죽이게 만들었소,

내가 당신의 복수를 해주었소. 당신은 이제 내가 본 중에서 가장 난폭했던 사람으로부터 해방되었소. 이제 내가 무엇을 해드리면 되겠소, 부인?"

"죽어버려라, 이 악당아!" 그녀가 대답했다. "죽어라! 죽어! 너는 내 애인을 죽였다. 네 심장을 찢어버릴 수 있었으면 좋았을 텐데."

"그런데 부인, 부인께서는 정녕 이상한 남자를 애인으로 두셨었군요." 자디그가 그녀에게 대꾸했다. "그는 있는 힘을 다해 당신을 때렸고, 당신이 내게 살려달라고 간청했다는 이유로 내 목숨을 앗아가려 했소."

"그가 나를 더 때려주었으면 좋겠어." 여인은 외침소리를 내지르면서 대꾸했다. "나는 그런 대접을 받을 만하니까. 내가 그에게 질투심을 불러 일으켰으니 말이야. 제발 그가 나를 때려줬으면 좋겠는데, 그리고 네가 그 대신 죽어버렸으면 좋겠는데!"

자디그는 평생 그 어느 때보다도 놀라고 화가

나서 그녀에게 말했다.

"부인, 당신이 아무리 아름답다 해도 이번에는 내가 당신을 때려도 될 것 같소. 그 정도로 당신은 도를 지나쳤소. 하지만 나는 그런 수고를 하지 않을 테요."

그렇게 말하고서 자디그는 자기 낙타에 올라타고 촌락을 향해 갔다. 그가 겨우 몇 발자국 갔을 때 네 명의 바빌론 파발꾼이 내는 소리에 뒤를 돌아보았다. 그들은 전속력으로 오고 있었다. 그들 중 한 명이 아까의 그 여인을 보자 소리쳤다.

"저 여자다! 우리가 받은 초상화와 비슷하게 생겼어."

그들은 죽은 자에 대해서는 개의치 않고 그 여인을 당장 붙잡았다. 그녀는 쉬지 않고 자디그에게 소리쳐댔다.

"한 번만 더 구해주세요, 관대한 나그네여! 내가 당신에 대해 불평했던 것을 용서해주세요. 나를 좀 구해주세요. 그러면 나는 죽을 때까지 당신 것이 될 게요!"

자디그는 그녀를 위해 싸우고 싶은 욕구가 이미 없어진 상태였다.

"다른 사람들에게 말해보시오. 더 이상 나를 붙들지는 못할 것이오." 그가 대답했다.

게다가 그는 부상을 당했고, 피가 흐르고 있어서 도움이 필요했다. 그리고 어쩌면 모압다르 왕이 보냈을지도 모를 네 명의 바빌론 사람을 보자 불안에 휩싸였다. 그는 바빌론의 파벌꾼 네 명이 왜 그 이집트 여인을 붙잡으러 왔는지 그 이유를 도무지 상상할 수가 없었고, 그 여인의 성격에 대해서는 더욱 놀라워하며 서둘러 마을 쪽으로 갔다.

## 10장

# 노예제도

그가 이집트의 촌락으로 들어가자 사람들에게 둘러싸이게 되었다. 모두가 소리쳤다.

"저 자가 바로 아름다운 밋수프를 납치하고 클레토피스를 암살한 자다!"

"여러분, 신께서 제가 여러분의 아름다운 밋수프를 절대 납치하지 않도록 보호해주셨습니다!" 자디그가 말했다. "그녀는 너무 변덕스럽습니다. 클레토피스로 말할 것 같으면 저는 그를 암살한 것이 전혀 아닙니다. 저는 그저 그에게 맞서서 방어를 했을 뿐입니다. 그는 저를 죽이려 했습니다. 그가 무자비하게 때리고 있던 아름다운 밋수프를 위해 아주 겸손하게 선처를 요청했다는 이유 때문이었습니다. 저는 이집트에 은신처를 찾으러 온 이방인입니다. 당신들의 보호를 요청하러 오면서 제가 여인을 납치하고 사내를 죽이는 일부터 시작할 것 같지는 않군요."

이집트인들은 그 때 공정하고 인간적이었다. 사람들은 자디그를 시청으로 데리고 갔다. 거기서 그의 상처를 치료하게 해주는 일부터 우선 한 뒤 진실을 알기 위해 그를 취조했으며 그의 하인은 따로 취조했다. 사람들은 자디그가 암살자는 전혀 아니지만, 한 사람이 흘린 피에 대한 죄인이기는 하다고 인정했다. 법이 그를 노예가 되는 형벌에 처했다. 그의 낙타 두 마리는 팔아서 촌락의 수익으로 삼았다. 그가 가져왔던 금들은 모두 주민들에게 분배되었고, 자디그와 그의 여행 동반자는 광장에서 팔려고 내다놓아졌다. 세톡이라는 이름의 아랍 상인이 그들의 경매에 참가했다. 그러나 힘든 일에 더 적합한 시종이 주인보다 훨씬 더 비싸게 팔렸다. 사람들은 그 두 사람을 비교조차 해보지 않았다. 자디그는 자기 하인에게 종속된 노예일 뿐이었다. 그들의 발에 묶은 쇠사슬로 둘을 함께 엮었는데, 그런 상태로 그들은 아랍 상인을 따라 그의 집으로 갔다. 가는 길에 자디그는 자기 하인을 위로하면서 인내하라고 권고했다. 하지만 평소 습관대로 인간의 삶에 대해 성찰하기도 했다.

"내 운명의 불행들이 너의 운명에까지 번지는 것이 보이는구나." 자디그는 말했다. "모든 일이 여태까지 나를 아주 이상하게 휘저어놓았다. 나는 암캐가 지나가는 것을 봤다고 해서 벌금형에 처해졌고, 그리폰 때문에 말뚝에 박히게 될 뻔했으며, 왕을 찬양하는 시를 지었다고 해서 형벌을 받도록 보내졌고, 여왕이 노란 리본을 갖고 있다고 해서 목 졸려 죽을 뻔했는데, 이번에는 어느 난폭한 남자가 자기 애인을 때렸다는 이유로 너와 함께 이렇게 노예가 되었구나. 자, 용기를 잃지 말자. 이 모든 것도 아마 끝날 것이다. 아랍 상인들은 노예를 필요로 하고, 나도 다른 이들과 마찬가지로 사람이므로 다른 이들처럼 노예가 되지 않으란 법이 왜 있겠느냐? 이 상인은 무자비하지 않을 것이다. 그가 자기 노예들로부터 섬김을 받고 싶다면 그들을 잘 대해줘야 하니까."

자디그는 그렇게 말하고 나서 마음 속 깊은 곳에서는 바빌론 왕비의 운명에 대해 전념했다.



상인인 세톡은 이틀 후 자신의 노예들과 낙타들과 함께 황량한 아라비아를 향해 출발했다. 그의 부족은 호렙[28] 사막 부근에 거주하고 있었다. 길은 멀고 고생스러웠다. 길을 가는 도중 세톡은 주인보다 시종을 훨씬 더 중요시 여겼다. 낙타들에 짐 싣는 일을 시종이 훨씬 더 잘했기 때문이다. 자잘한 특혜들은 모두 시종의 것이 되었다.

호렙 사막을 이틀간 여행하고 났을 때 낙타 한 마리가 죽었다. 그가 실어 나르던 짐을 나누어서 하인들이 각자 등에 지었다. 자디그도 자기 몫이 있었다. 세톡은 그의 모든 노예들이 구부정하게 걷는 것을 보고 웃기 시작했다. 자디그는 그럴 수밖에 없는 이유를 세톡에게 거리낌 없이 설명하면서 그에게 평형의 법칙을 가르쳐주었다. 놀란 상인은 자디그를 다른 눈으로 보기 시작했다. 자디그는 자기가 세톡의 호기심을 자극한 것을 알고는 그의 교역과 무관하지 않은 많은 것들을 가르쳐주면서 그의 호기심을 더욱 자극했다. 같은 용적의 금속들과 식료품들의 비중, 유용한 여러 동물들의 속성, 유용하지 않은 동물들을 유용하게 만드는 방법 등을 가르쳐주었다. 마침내 자디그는 세톡에게 현자처럼 보였다. 세톡은 그토록 존중하던 자디그의 하인보다 자디그를 선호하게 되었다. 세톡은 자디그를 잘 대해주었고, 그렇게 한 것을 후회할 이유도 없었다.

세톡은 자기네 부족에 도착하자 어느 히브리 사람에게 빌려주었던 5백 온스의 은을 돌려달라고

하는 일부터 시작했다. 세톡은 그 은을 두 명의 증인이 있는 가운데 빌려줬었다. 그런데 그 두 증인이 죽어버렸다. 히브리 사람은 자기가 돈을 빌려갔다는 것이 입증될 수 없게 되자 아랍인을 속일 방법을 주신 것에 대해 신에게 감사하면서 상인의 은을 착복해버렸다. 세톡은 이제 자신의 조언자가 된 자디그에게 괴로움을 털어놓았다.

"그 신의(信義) 없는 인간에게 5백 온스의 은을 어느 장소에서 빌려주셨습니까?" 자디그가 물었다.

"호렙 산 옆에 있는 넓은 돌 위에서였소." 상인이 대답했다.

"당신의 채무자의 성격은 어떠한가요?" 자디그가 물었다.

"교활한 성격이오." 세톡이 대꾸했다.

"그렇다면 그 자가 활달한 사람인지 냉정한 사람인지, 그리고 심사숙고하는 사람인지 아니면 경솔한 사람인지 당신께 묻겠습니다."

"돈을 잘 지불하지 않는 모든 사람들 중에서

내가 알기로 가장 활달한 자요." 세톡이 말했다.

"그렇다면 판사 앞에서 내가 당신을 위해 변호하게 해주십시오."

그 결과 자디그는 법정에서 히브리 사람에 대해 얘기하게 되었고, 판사에게 다음과 같이 말했다.

"공평무사한 권좌의 베개여,[29)] 저는 이 사람이 돌려주고 싶어 하지 않는 5백 온스의 은을 제 주인의 이름으로 다시 요구하였습니다."

"당신들에게 증인이 있습니까?" 판사가 물었다.

"증인들은 죽었습니다. 그러나 그 돈을 세었던 장소인 넓은 돌이 남아 있습니다. 판사님께서 그 돌을 찾아오라고 지시해주신다면 그 돌이 증언해줄 것이라 생각됩니다. 이 히브리 사람과 저는 돌이 오기를 기다리면서 여기 남아 있겠습니다. 저는 제 주인이신 세톡의 비용으로 돌을 찾아올 사람을 보낼 것입니다."

"내 기꺼이 지시를 하겠소." 판사가 대답했다. 그리고 그는 다른 사건들을 신속히 해치우기 시작했다.

공판이 끝나자 판사는 자디그에게 말했다.

"그런데 당신의 돌은 아직 도착하지 않았소?"

그러자 히브리 사람이 웃으며 대답했다.

"판사님께서 내일까지 여기 계신다 해도 돌은 여전히 도착하지 않을 것입니다. 그 돌은 여기서 6마일도 더 떨어진 곳에 있거든요. 게다가 그 돌을 움직이게 하려면 열다섯 명이 필요할 것입니다."

"보십시오!" 자디그가 소리쳤다. "그 돌이 증언을 할 거라고 제가 말씀드렸지요? 이 사람이 그 돌이 어디 있는지 알고 있으므로 그 돈을 셈한 곳이 그 돌 위라는 것을 자백하는 셈입니다."

당황한 히브리 사람은 곧이어 모든 것을 자백하지 않을 수 없었다. 판사는 그가 5백 온스를 돌려줄 때까지 그를 돌에 묶어놓고 마시지도 먹지도 못하게 하라고 명령했다. 그 돈은 곧 지불되었다.

노예 자디그와 그 돌은 아라비아에서 대단히 인정받았다.

# 11장 화형대



매우 흡족한 세톡은 자신의 노예 자디그를 가장 친밀한 친구로 삼았다. 바빌론의 왕이 그랬던 것처럼 자디그 없이는 더 이상 지낼 수 없게 되었다. 자디그는 세톡에게 여자가 없는 것이 너무 좋았다. 그는 자기 주인에게서 선행으로 이어지는 천성, 대단한 강직함과 양식(良識)을 발견했다. 자디그는 세톡이 아라비아의 옛 관습에 따라 천사들, 즉 태양, 달, 별들을 숭배하는 것이 못마땅했다. 그래서 아주 조심스럽게 가끔씩 그것에 관해 얘기를 했다. 마침내 자디그는 세톡에게 그것들은 다른 별들과 마찬가지로 물체들이므로 나무나 바위처럼 경의를 표할 가치가 없는 것들이라고 말했다.

"하지만 그것들은 우리의 모든 유익을 끌어내는 영원한 존재들이오." 세톡이 말했다. "그들은 자연을 사랑하고, 계절을 조절하고, 게다가 우리로부터 너무 멀리 있어서 공경하지 않을 수 없소."

"당신은 당신의 상품들을 인도로 실어다 주는 홍해의 물에서 더 큰 이득을 받고 있습니다." 자디그가 대꾸했다. "홍해는 왜 별들만큼 오래되지 않았겠어요? 당신으로부터 멀리 있다고 해서 숭배하는 거라면 당신은 지구 끝에 있는 강가리드[30] 사람들의 땅도 숭배해야 합니다."

"아니오, 별들은 너무 반짝거려서 숭배하지 않을 수가 없소." 세톡이 말했다.

저녁이 되자 자디그는 세톡과 함께 저녁식사를 하기로 되어 있는 천막 안에다 굉장히 많은 촛불들을 켜놓고, 주인이 나타나자 그 불 켜진 양초들

앞에 무릎을 꿇고서 그것들에게 말했다.

“영원하고 반짝이는 빛들이여, 저에게 언제나 자비로우시기를!”

자디그는 이렇게 말하고 나서 세톡을 쳐다보지도 않은 채 식탁에 앉았다.

“아니, 뭘 하는 거요?” 놀란 세톡이 자디그에게 물었다.

“나도 당신처럼 하는 겁니다.” 자디그가 대답했다. “나도 이 양초들을 숭배합니다. 그러면서 그 양초들의 주인과 내 주인을 소홀히 하고 있는 거지요.”

세톡은 그 교훈적인 우화의 심오한 의미를 이해했다. 그의 노예의 지혜가 그의 영혼으로 들어갔다. 그는 피조물들에게 더 이상 향을 낭비하지 않고 그 피조물들을 만든 영원한 존재를 숭배하게 되었다.

그 당시 아라비아에는 스키타이에서 기원되고 인도에서 브라만들의 신망에 의해 정착되어 동양 전체를 휩쓸 위험이 있는 끔찍한 관습이 있었다. 결혼한 남자가 죽었는데 그가 사랑하던 아내가 성녀가 되고 싶으면 남편의 시체 위에서 공개적으로 불태워져야 하는 그런 관습이었다. '과부생활의 화형식'이라고 불리는 엄숙한 축제였다. 이렇게 화형된 여인들이 가장 많은 부족이 가장 존경을 받았다. 세톡의 부족에서 한 아랍인이 죽었는데 알모나라는 이름의 과부가 굉장히 신심이 깊었기에 북소리와 나팔소리에 맞춰 그녀가 불에 뛰어들게 될 날짜와 시간을 알렸다. 자디그는 국가에 아이들을 낳아줄 수 있거나 최소한 아이들을 길러줄 수 있는 젊은 과부들을 불에 타 죽게 놔두는 그런 끔찍한 관습이 인류의 행복에 얼마나 위배되는 것인지 지적하고 나서 가능하면 그토록 야만적인 관행을 폐지해야 한다는 것을 세톡으로 하여금 시인하게 했다. 세톡은 대답했다.

"여자들이 스스로 불타 죽을 수 있는 권리를 갖게 된 것은 천 년도 더 되었소. 세월이 신성한 것으로 만들어버린 법을 우리들 중 누가 감히 바꾸려 들겠소? 옛 악습보다 더 존중할 만한 것은 아무것도 없는 것인가?"

"이성이 더 오래된 것입니다." 자디그가 대꾸했다. "부족 족장들에게 말해보세요. 나는 젊은 과부를 찾아가보겠습니다."

자디그는 과부와 만났다. 그는 그녀의 아름다움을 찬양하면서 그녀의 정신 속에 슬그머니 들어간 다음, 그토록 큰 매력을 불에 넣는 것이 얼마나 애석한 일인지 말하고 나서 그녀의 정절과 용기를 칭찬했다.

"당신은 그러니까 남편을 엄청나게 사랑했나 보군요?" 자디그가 과부에게 물었다.

"제가요? 전혀 아닙니다." 아랍 여인이 대답했다. "그는 난폭하고 질투가 많으며 견디기 힘든 사람이었죠. 하지만 저는 그를 화장시킬 때 그 위에 뛰어들기로 단단히 결심했어요."

"그렇다면 활활 타오르는 불에 타는 것이 매

우 감미로운 즐거움인 게 틀림없나 봅니다." 자디그가 말했다.

"아! 자연을 벌벌 떨게 하는 일이죠." 부인이 말했다. "그래도 그 일을 거쳐야만 해요. 저는 신심이 깊거든요. 제가 화장되지 않으면 저는 명성도 잃고 모든 사람들이 저를 조롱할 거예요."

자디그는 그녀가 다른 사람들을 위해 그리고 허영심 때문에 화장당하려는 거라는 점을 인정하게 만들었다. 그러고 나서 그녀로 하여금 인생을 좀 사랑하게 만들려고 한참동안 얘기한 다음 그녀에게 말하고 있는 자기에게 어떤 호의마저 갖게 하기에 이르렀다.

"당신을 불태우려는 허영심에 집착하지 않는다면 당신은 이제 뭘 하실 겁니까?" 자디그가 그녀에게 물었다.

"아! 당신에게 저와 결혼해달라고 부탁드릴 것 같네요." 부인이 말했다.

자디그는 아스타르테에 대한 생각으로 너무

꽉 차 있어서 그런 고백을 피했다. 그리고 당장 부족 족장들을 찾아가서 그녀와의 사이에 일어났던 일들을 말하고 나서, 화장을 당하려는 과부에게는 젊은 남자와의 독대를 거치게 한 후에만 화장을 허용하는 법을 만들라고 충고했다. 그 때 이후로 아라비아에서는 불에 뛰어들려는 부인이 하나도 없었다. 그토록 오랜 세월 동안 지속되어 온 그렇게 잔인한 풍습을 하루 만에 없애버린 것은 오로지 자디그의 은혜 덕분이었다. 그러므로 그는 아라비아의 은인이었다.

# 12장 저녁식사



세톡은 지혜가 깃들어 있는 자디그와 떨어져 있을 수가 없어서 밧소라의 큰 시장에 갈 때 데리고 갔다. 인간이 살 수 있는 땅이라면 어디서든 대규모의 교역상들이 꼭 가봐야 하는 시장이었다. 다양한 고장들의 그토록 많은 사람들이 한 장소에 모여 있는 모습을 보는 것이 자디그에게는 상당한 위안이었다. 세계가 밧소라에 집결한 큰 가족처럼 보였다. 이튿날부터 그는 식탁에서 이집트인, 강가리드 인도인, 카타이[31] 거주민, 그리스인, 켈트인, 그리고 아라비아 만 쪽으로 자주 여행을 다녀서 상대방이 알아들을 정도로 아랍어를 꽤 배운 다른 몇몇 이방인들과 함께 식사를 하게 되었다. 이집트인은 화가 몹시 나 있는 것 같았다.

"밧소라는 정말 고약한 나라야!" 이집트인이 말했다. "세상에서 제일 좋은 효과를 내는 나한테 금화 1천 온스를 거부하다니!"

"당신이 어떤 효과를 내는데 그 금액을 당신에게 어떻게 거부했다는 거요?" 세톡이 물었다.

"내 숙모의 시체에다 그 효과를 냈지요." 이집트인이 대답했다. "그 숙모는 이집트에서 가장 용감한 여인이었어요. 숙모는 늘 나와 함께 다니다가 객사를 하게 되었어요. 그래서 숙모의 시체로 여태껏 본 중에서 가장 아름다운 미라를 내가 만들었지요. 우리나라에서라면 그것을 저당 잡히고 내가 원하는 것을 모두 얻게 될 텐데... 그렇게 확실한 효과에 대해 내게 금화 1천 개도 주지 않으려 들다니 참으로 이상한 일입니다."

그는 격하게 분노하면서도 아주 맛있게 삶은 암탉을 먹을 준비를 했다. 그 때 인도인이 이집트인의 손을 잡으면서 고통스럽게 외쳤다.

"아! 무엇을 하시려는 겁니까?"

"이 닭을 먹으려고요." 미라를 만들었다는 남자가 말했다.

"그러지 마십시오." 강가리드 인도인이 말했다. "이 닭의 몸속에 고인(故人)의 영혼이 들어갔을 수도 있으니까요. 당신은 숙모를 먹게 되는 위험을 무릅쓰고 싶진 않으실 테죠. 닭을 익히는 것은 분명코 자연을 침해하는 일입니다."

"당신이 말하는 그 자연이니 닭이니 뭘 말하고 싶은 거요?" 화를 잘 내는 이집트인이 대꾸했다. "우리는 소를 숭배하면서도 쇠고기를 잘 먹고 있소."

"당신네가 소를 숭배한다고요! 그게 가능한 일입니까?" 강가리드 사람이 말했다.

"그보다 더 가능한 일은 없소." 상대방이 대꾸

했다. "우리가 소를 그런 식으로 이용한 지는 13만 5천 년이나 되었고, 우리들 중 아무도 그것에 대해 이러쿵저러쿵하지 않소."

"아! 13만5천 년이라고요!" 인도인이 말했다. "그 계산은 좀 과장된 것이로군요. 인도에 사람들이 살기 시작한 지가 8만 년밖에 안 되었고, 우리가 당신들의 선조인 게 확실하며, 당신들이 소를 제단에 올리기도 하고 꼬챙이에 꽂아서 먹기도 할 생각을 하기도 전에 브라마가 우리에게 소를 먹지 말라고 금지했습니다."

"당신들의 브라마는 아피스와 비교하면 우스운 동물일 뿐이죠!" 이집트인이 말했다. "그래, 그렇게 아름다운 브라마는 도대체 뭘 했소?"

그러자 브라만[32]이 대답했다. "바로 브라마가 인간들에게 읽기와 쓰기를 가르쳤고, 온 땅에서 장기놀이를 하게 된 것도 브라마 덕분이죠."

"당신은 착각하고 있소." 인도인 곁에 있던 칼데아 사람이 말했다. "그토록 큰 은혜는 물고기 신

(神) 오아네스[33] 덕분이오. 그 신에게 경의를 표해야만 온당하오. 오아네스는 신성한 존재이고, 아름다운 인간의 얼굴에 황금 꼬리를 갖고 있으며, 하루에 세 시간씩 뭍에서 설교하러 물에서 나온다고 모든 사람들이 당신에게 말할 거요. 그에게는 아이들이 여럿 있었는데 누구나 다 알다시피 그 아이들 모두 왕이었소. 내 집에 가면 그의 초상화가 있고, 그 초상화를 공경해야 하는 만큼 나는 그렇게 하고 있소. 우리는 원하는 만큼 소를 먹을 수 있소. 하지만 물고기를 익히는 것은 아주 대단히 불경스런 행위라오. 게다가 당신들은 둘 다 나와 뭔가를 두고 다투기에는 출신이 별로 고귀하지도 않고 너무 최근 사람들이오. 이집트 국가는 13만5천 년밖에 안 됐고, 인도인들은 8만 년밖에 안 된 것을 갖고 떠벌리지만, 우리는 4천 세기의 달력을 갖고 있소. 내 말을 믿으시오, 당신들의 미친 짓들을 포기하란 말이오. 내가 당신들 각자에게 오아네스의 아름다운 초상화를 하나씩 줄 테니 말이오."

그러자 캄발루[34] 사람이 말을 받았다.

"나는 이집트인들, 칼데아 사람들, 그리스인들, 켈트인들, 브라마, 아피스 황소, 아름다운 물고기 신 오아네스를 매우 존경합니다. 하지만 아마도 '리(理)' 또는 '천(天)', 사람들이 부르고 싶은 대로 부르겠지만 어쨌든 그 리 또는 천이 황소들이나 물고기들만큼 가치가 있을 겁니다. 나는 우리나라에 대해 아무 얘기도 하지 않겠습니다. 우리나라는 이집트 땅, 칼데아, 인도, 그 모두를 합친 것만큼 큰 나라입니다. 나는 고대에 대해서도 언쟁하지 않겠습니다. 왜냐하면 그저 행복하기만 하면 되고, 나라가 오래되었다는 것은 별로 대단한 게 아니기 때문입니다. 하지만 달력에 대해 꼭 말해야 한다면 나는 모든 아시아가 우리의 달력을 쓴다는 것과 칼데아 사람들이 산술을 알기 전에 우리가 산술을 훨씬 잘 했다는 것을 말하렵니다."

"당신들 모두 대단히 무지하군요!" 그리스인이 소리쳤다. "혼돈이 모든 것의 아버지이며, 형태와 물질이 세계를 지금과 같은 상태에 놓이게 했다는 것을 당신들은 모르고 있단 말인가요?"

그 그리스인은 한참동안 말했다. 그러나 그는 결국 켈트인에 의해 말을 중단하게 되었고, 켈트인은 사람들이 언쟁하는 동안 잔뜩 마시고 나서 이제는 자기가 다른 모든 사람들보다 더 박식하다고 믿고, 얘기할 만한 가치가 있는 것은 튜타트[35]와 떡갈나무의 겨우살이밖에 없다고 맹세하더니, 자기는 자신을 위해 그 겨우살이를 호주머니 속에 언제나 갖고 다니며, 그의 조상인 스키타이인들만이 세상에서 유일하게 좋은 사람들이었으며, 그들은 정말로 때때로 사람을 잡아먹었지만 그렇다 해도 사람들이 그의 나라에 대해 큰 존경심을 가졌던 게 틀림없으며, 마지막으로 만약 누군가가 튜타트 신에 대해 나쁘게 말한다면 자기가 그에게 세상물정을 가르쳐주겠다고 호언장담했다. 따라서 논쟁은 열을 띠었으며, 세톡은 식탁이 피로 물들게 될 거라고 보았다. 그 논쟁이 벌어지는 내내 침묵을 지키고 있던 자디그가 마침내 일어나서 우선 가장 격분하던 켈트인에게 말을 걸었다. 자디그는 그에게 그가 옳다고 말하면서 겨우살이에 대해 물었다. 이어서 그리스인에게는 그의 능변에 대해 칭찬하고 열에 들뜬 온 정신을 진정시켰다. 자디그는 카타이 사람에게는 아주 조금만 얘기했다. 왜냐하면 그가 거기 모인 사람들 중에서 가장 이성적이었기 때문이다. 그런 다음 자디그는 언쟁하던 사람들에게 말했다.

"친구들이여, 당신들은 아무것도 아닌 일로 논쟁을 벌이려 했습니다. 왜냐하면 여러분이 모두 같은 의견을 갖고 있기 때문이죠."

이 말에 모두들 격렬히 항의했다.

"당신은 그 겨우살이를 숭배한 게 아니라 그 겨우살이와 떡갈나무를 만든 사람을 숭배한 것 아닌가요?" 자디그는 켈트인에게 말했다.

"그렇소." 켈트인이 대답했다.

"이집트에서 오신 신사양반, 당신은 어떤 황소를 통해 당신에게 황소들을 준 자를 공경한 것 같은데요?"

"맞소." 이집트 사람이 대답했다.

"물고기 신 오아네스는 바다와 물고기들을 만든 자에게 굴복해야 하겠지요." 자디그가 계속해 말했다.

"그러하오." 칼데아 사람이 말했다.

"인도 양반과 카타이 양반도 당신처럼 첫 번째 원리를 인정하고 있습니다." 자디그가 덧붙였다. "나는 그리스 양반이 말한 그 경탄스런 것들을 잘 이해하지는 못했습니다만, 그분 또한 지고의 존재를 인정한다고 확신합니다. 형태와 물질이 그 지고의 존재에게 달려 있겠지요. 그러므로 여러분들 모두 같은 의견을 갖고 있는 것이며, 서로 논쟁을 벌일 것이 없다는 얘기입니다." 자디그는 그렇게 반박했다.

모든 사람들이 그를 포옹했다. 세톡은 자신의 상품들을 아주 비싸게 판 뒤에 자기 친구인 자디그를 다시 자기네 부족으로 데려갔다. 도착하자마자 자디그는 자기가 없는 동안 자신에 대한 재판이 벌어졌으며 서서히 타는 불에 화형 당하게 되리라는 사실을 알게 되었다.

# 13장

# 약속



자디그가 밧소라에 가 있는 동안 별들의 사제들이 그를 벌주기로 결정하였던 것이다. 그들이 화형대에 보냈던 젊은 과부들의 보석이나 장식품들은 법적으로 그들에게 속하게 되는데 이제 그러지 못하게 되었으니 그것만으로도 그들을 골탕 먹인 자디그를 화형에 처할 이유로서 충분했다. 그러므로 그들은 자디그가 천사들에 대해 잘못된 감정을 갖고 있다고 고소했다. 그들은 자디그에 대해 진술하면서 그가 바다에서는 별들이 지지 않는다고 말하는 것을 들었다고 맹세했다. 이런 끔찍한 신성모독은 재판관들을 떨게 만들었다. 그들은 이 불경한 말을 들었을 때 자신들의 옷을 찢으려 할 지경이었으며, 자디그에게 그들의 옷값을 지불할 만한 것이 있었다면 아마 그렇게들 했을 것이다. 그러나 극심한 괴로움 속에서도 그들은 그를 잉걸불에 타게 하는 벌을 내리는 것으로 만족했다. 세톡은 절망에 빠져서 자신의 친구를 구하려고 신임장을 보냈으나 소용없었다. 그는 곧이어 입을 다물어야만 했다. 자디그의 은혜로 삶을 몹시 사랑하게 된 젊은 과부 알모나는 그를 화형대로부터 끌어내기로 작정했다. 자디그 덕분에 그런 풍습이 악습이라는 것을 알게 되었으니까. 그녀는 우선 자기 머릿속으로 계획을 굴려보기만 하고 그것에 관해 아무에게도 말하지 않았다. 자디그는 바로 다음날 처형당할 예정이므로 그를 구출하려면 그날 밤밖에 없었다. 그녀는 자비롭고 신중한 여인으로서 다음과 같이 행동했다.

그녀는 향수를 뿌리고 가장 화려하고 가장 매혹적인 몸치장으로 자신의 미모를 돋보이게 하고 나서 별들의 사제들의 우두머리를 은밀히 만나게 해달라고 청했다. 매우 연로한 그 노인 앞에 나섰을 때 그녀는 다음과 같이 얘기했다.

"큰 곰의 장남이며 황소의 형제이고 큰 개의 사촌이신(이것이 그 고위성직자의 타이틀들이었다.) 분이여, 저는 당신께 제 양심의 가책을 털어놓으러 왔습니다. 저는 제 사랑하는 남편의 화장대에서 함께 화장당하지 않음으로써 어마어마한 죄를 저질렀을까봐 두렵습니다. 그렇게 해서 제가 보존하게 되는 것이 과연 무엇이었을까요? 소멸하기 마련이며 이미 완전히 시들어버린 육체이지요."

이 말을 하면서 그녀는 자신의 긴 비단 소매를 걷어붙여 탄복할 만한 형태의 눈부시게 하얀 팔을 드러냈다.

"별 가치도 없는 이것을 보세요." 그녀가 말했다.

우두머리 사제는 마음속으로 그것이 큰 가치

를 갖고 있다고 생각했다. 그의 눈이 그것을 말했고, 그의 입이 그것을 확인해주었다. 그는 자기 평생에 그렇게 아름다운 팔은 본 적이 없다고 맹세했다.

"아! 팔은 몸의 나머지 부분보다 좀 덜 나쁘긴 하죠." 과부가 말했다. "하지만 가슴은 관심을 줄 만한 가치도 없다고 당신도 인정하실 겁니다."

그러면서 그녀는 자연이 여태까지 형성한 것 중 가장 매력적인 가슴을 드러내 보였다. 상아로 된 사과 위에 장미꽃봉오리 하나가 얹혀 있다 해도 그 곁에 있으면 회양목 위의 꼭두서니로밖에 보이지 않았을 것이며, 세탁장을 빠져나온 어린 양들도 누렇게 보였을 것이다. 그 가슴, 다정한 불길로 부드럽게 반짝이면서 번민하는 까맣고 큰 눈, 가장 순수한 우윳빛 흰색에 가장 아름다운 주홍색이 어우러져 생기가 넘치는 뺨, 레바논 산의 탑 같지 않은 코, 아라비아 해의 가장 아름다운 진주를 담고 있는 산호의 두 가장자리 같은 입술, 이 모든 것들이 합쳐져서 그 노인으로 하여금 자신이 스무 살인 것처럼 믿게 만들었다. 그는 말을 더듬으면서 애정 고백을 하였다. 알모나는 그가 불타오르듯 흥분한 것을 보고 그에게 자디그의 사면을 부탁했다.

"아름다운 부인이여, 애석하게도 내가 당신에게 그의 사면을 허락한다 해도 내 관대함은 아무짝에도 쓸데없을 것이오. 내 동료들 중 다른 세 명의 서명을 받아야만 한다오."

"그래도 서명해주세요." 알모나가 말했다.

"기꺼이 해주겠소." 사제가 말했다. "단, 당신이 애정을 표시해준다면 그 대가로 쉽게 그리 해줄 것이오."

"제게는 너무 영광입니다." 알모나가 말했다. "단, 해가 진 다음에 제 방으로 오시는 것이 좋겠습니다. 물병자리 델타별이 지평선에 있게 되자마자 당신은 제가 장미색 소파에 있는 것을 보게 될 터이고, 당신이 시녀에게 하듯 저를 이용하십시오."

그러고 나서 그녀는 서명을 들고 나갔다. 사랑과 자신의 힘에 대해 의구심에 차 있는 노인을 놔두고서... 노인은 그 날의 나머지 시간을 목욕하는 데 보냈다. 실론 섬의 계피와 티도레 섬과 테르나테 섬의 귀한 향신료들이 혼합된 술을 마시기도 했다. 그리고 나서 델타별이 나타나기를 학수고대하며 초조히 기다리고 있었다.

그러는 동안 아름다운 알모나는 두 번째 고위성직자를 찾으러 갔다. 이 자는 그녀에게 해, 달, 그리고 하늘의 모든 불이 그녀의 매력에 비하면 도깨비불일 뿐이라고 확언했다. 그녀는 그에게 같은 선처를 부탁했고, 상대방은 그녀에게 그것의 대가를 제안했다. 그녀는 못이기는 척 넘어갔고, 그 두 번째 고위성직자에게는 알게니브별이 뜰 때 만나자는 약속을 주었다. 그 다음에 세 번째 고위성직자에게 갔다가 네 번째 고위성직자에게 갔다. 여전히 서명을 받아내고 이 별 저 별이 뜨는 시간의 약속을 주면서 말이다. 그러고 나서 그녀는 판사들에게 아주 중요한 일이 있으니 그녀 집으로 오라고 알리게 했다. 그들은 그녀 집으로 갔다. 그녀는 그들에게 네 명의 이름을 보여주고 그 성직자들이 어떤 대가로 자디그의 사면을 팔았는지 얘기해주었다. 성직자들은 각자 정해진 시간에 도착했다. 그들은 각자 거기에 자기 동료들이 있는 것을 보고 매우 놀라워했으며, 게다가 거기에 판사들까지 있어서 그들의 수치가 드러난 데 대해 더욱 놀라워했다. 세톡은 알모나의 수완에 너무 매료되어 그녀를 자기 아내로 삼았다.

자디그는 자신을 해방시켜준 그 아름다운 여인의 발아래 몸을 던지고 나서 그곳을 떠났다. 세톡과 그는 눈물을 흘리고, 둘 중 한 사람이 큰 재산을 먼저 벌게 되면 상대방에게 알리기로 약속하면서 헤어졌다.

자디그는 여전히 불행한 아스타르테를 생각하고, 자기를 끈질기게 갖고 놀며 박해하는 운명에 대해 여전히 생각하면서 시리아 쪽으로 걸어갔다. 그는 혼잣소리를 했다.

"뭐! 암캐가 지나간 것을 봤다고 4백 온스의

금을 벌금으로 물다니! 왕을 찬양하는 네 줄짜리 형편없는 시 때문에 참수형에 처하고! 왕비가 내 모자와 같은 색깔의 가죽신발을 신었다는 이유로 목 졸려 죽을 뻔하고! 맞고 있는 여인을 구해줬다는 이유로 노예가 되고 아랍의 모든 젊은 과부들의 목숨을 구해줬다는 이유로 화형당할 뻔했다니!"

# 14장 강도



자디그가 돌로 뒤덮인 아라비아와 시리아를 가르는 국경에 도착하여 꽤 튼튼한 성 근처를 지나고 있는데 무장한 아랍인들이 그 성에서 나왔다. 자디그는 그들에 둘러싸이게 되었다. 그들은 자디그에게 소리쳤다.

"네가 갖고 있는 것들은 모두 우리 것이다. 너 자신도 우리 주인의 것이다."

자디그는 대답 대신 자신의 칼을 뽑아들었다. 그의 하인은 용기가 있어서 자디그와 마찬가지로 칼을 뽑았다. 그 둘은 자신들을 건드린 아랍인들 몇 명을 우선 죽여서 넘어뜨렸다. 그들의 숫자는 불어났다. 자디그와 하인은 조금도 놀라지 않고, 싸우다 죽기로 결심했다. 두 남자가 무수히 많은 숫자의 상대에 맞서 방어하는 것을 사람들이 보았다. 그런 싸움은 오래 지속될 수가 없었다. 자디그가 보이는 용맹스런 무훈을 '아르보가드'라는 성주(城主)가 창문에서 지켜보다가 자디그에 대해 존경심을 갖게 되었다. 그는 서둘러 내려와서 몸소 그의 하인들을 비켜나게 하여 두 여행자를 구해냈다.

"내 땅을 지나가는 것들은 모두 내 것이오." 성주가 말했다. "다른 사람들의 땅에서 내가 찾아내는 것도 마찬가지요. 하지만 내 보기에 당신은 매우 용감한 사람 같으니 공동의 법으로부터 당신은 제외시켜주겠소."

그러고 나서 그는 자디그를 자기 성으로 데려가 자기 사람들에게 자디그를 잘 대접하라고 지시했다. 저녁이 되자 아르보가드는 자디그와 함께 저녁식사를 하고 싶어 했다.

그 성주는 '도둑들'이라 불리는 아랍인들 중 하나였다. 그러나 그는 무수히 많은 나쁜 짓들 가운데 가끔씩 좋은 일도 하곤 했다. 그는 무섭도록 악착스럽게 훔쳐다가 너그럽게 나눠주기도 했다. 행동에 있어서는 집요하며, 교역에 있어서는 꽤 부드럽고, 식탁에서는 방탕하고, 방탕 속에서는 쾌활하며, 특히 솔직함으로 가득했다. 그는 자디그를 아주 맘에 들어 했다. 자디그의 대화는 활기를 띠면서 식사시간을 지속시켰다. 마침내 아르보가드는 그에게 말했다.

"당신에게 내 밑으로 들어오라고 충고하겠소, 당신에게 그보다 더 나은 일은 없을 것이오. 이 직업은 나쁘지 않소. 당신은 언젠가 지금의 나처럼 될 수 있을 거요."

"당신이 그 고귀한 직업을 언제부터 수행하고 계신 건지 여쭤보아도 될까요?" 자디그가 말했다.

"아주 어렸을 적부터요." 성주가 대답했다.

"나는 꽤 수완 좋은 어느 아랍인의 하인이었소. 나는 내 상황을 참을 수가 없었소. 공평하게 모든 인간들에게 속해 있는 온 땅에서 운명이 내 몫을 예비해두지 않았다는 것을 알고는 절망에 빠져 있었소. 그런 내 괴로움을 어느 아랍 노인에게 털어놓았더니 그 분은 이렇게 말하였소. '아들아, 절망하지 마라. 예전에 어느 사막에 알려지지 않은 원자(原子)로 있는 것에 대해 한탄하는 모래 알갱이가 있었는데, 몇 년 후 그 모래 알갱이는 다이아몬드가 되었느니라. 그리고 지금은 인도 왕의 왕관에서 가장 아름다운 장식물이 되어 있지.' 그 말이 내게 아주 인상적이었소. 나는 모래 알갱이였고, 다이아몬드가 되기로 결심했소. 나는 말 두 마리를 훔치는 일부터 시작했다오. 친구들을 끌어들여서 소규모 대상(隊商)들을 노략질할 상태가 되었소. 그렇게 해서 나는 사람들과 나 사이에 처음에 있던 불균형이 서서히 없어지게 만든 것이오. 나도 이 세상의 재화들에서 내 몫을 갖게 된 것이며, 고리대금을 통해 변상받기까지 했소. 사람들은 나를 대단히 여겼고, 나는 강도 성주가 되었소. 나는 이 성을 실제적인 수단을 통해 얻었소.[36] 시리아의 태수가 내게서 그 성을 박탈하고 싶어 했소. 하지만 나는 이미 너무 부자여서 아무것도 두렵지 않았소. 나는 태수에게 돈을 주었고, 그렇게 해서 이 성을 보유하였고, 내 영지를 넓혔소. 태수는 돌로 뒤덮인 아라비아가 왕들의 왕에게 지불하는 조세의 관리인 자리에 나를 임명하기까지 했소. 나는 징세관 일을 했던 것이지, 지불담당관의 일을 한 것이 전혀 아니오."

아르보가드의 말은 이어졌다.

"바빌론의 총리 데프테르다르가 나를 목 졸라 죽이게 하려고 모압다르 왕의 이름으로 여기에 어떤 소(小)태수를 보냈소. 그 자는 모압다르의 명령을 갖고 도착했소. 나는 모든 것을 다 알고 있었지. 올가미를 조이기 위해 그 자가 데려온 네 명을 나는 그 자가 보는 가운데서 목 조르게 했소. 그런 다음 나는 그에게 나를 목 조르는 일에 대한 수수료가 얼마가 될 수 있는지 물었소. 그는 자신의 사례금이 금화 3백 냥까지 될 수 있을 거라고 대답했소. 나는 그에게 나와 함께라면 그보다 훨씬 더 벌 수 있을 거라는 점을 확실히 알게 해주었소. 나는 그를 조수 강도로 만들었소. 오늘날 그는 나의 최고 장교들 중 하나이고 가장 부유한 자들 중 하나요. 당신이 내 말을 믿는다면 당신도 그처럼 성공할 것이오. 모압다르가 살해되어서 바빌론이 온통 혼란에 빠진 이래 강도질을 하기에 더 없이 좋은 시절이 되었으니 말이오."

"모압다르가 살해되었다고요!" 자디그가 말했다. "그럼 아스타르테 왕비는 어떻게 되었나요?"

"그것에 대해서는 전혀 모르오." 아르보가드가 대꾸했다. "내가 아는 거라고는 모압다르가 미쳐버려서 살해당하고, 바빌론은 강도나 악당이 판치는 곳이 되었으며, 제국 전체가 황량해졌고, 그래도 아직 약탈할 것들이 꽤 있으며, 나 또한 내 몫으로 훌륭하게 해냈다는 사실이오."

“그런데 왕비는… 제발, 왕비의 운명에 대해 아무것도 모르십니까?” 자디그가 말했다.

“사람들이 내게 히르카니아의 군주에 대해 얘기하던 걸.” 강도 성주가 대꾸했다. “그 왕비가 난리통에 살해되지 않았다면 아마도 그의 첩들과 함께 있겠지. 하지만 나는 그런 소식보다 노획물에 대해 더 궁금하오. 나는 내 출정에서 여자들을 여럿 데려왔지만 한 명도 데리고 있지 않소. 그녀들이 예쁘면 누구인지 알아보지도 않고 팔아버리오. 사람들이 그녀들의 지위를 사는 게 아니라오. 왕비라 하더라도 못생겼으면 살 사람을 찾지 못할 것이오. 어쩌면 내가 그 아스타르테 왕비를 팔았는지도 모르고, 어쩌면 그녀가 죽었는지도 모르오. 하지만 어찌됐든 나는 상관없소. 그 일로 당신이 나보다 더 신경 써서는 안 된다고 생각하오.”

아르보가드는 그렇게 말하면서 너무나 대담하게 마셔대는 바람에 생각들이 온통 뒤죽박죽이 되어 자디그는 그에게서 아무것도 밝혀내지 못했다.

자디그는 어안이 벙벙한 채 괴로움에 짓눌려 꼼짝 않고 있었다. 아르보가드는 여전히 마시고 있으면서 이야기들을 꾸며댔고, 자기는 이 세상에서 제일 행복한 사람이라며 쉬지 않고 반복해 말하면서 자디그에게 자기처럼 행복해지라고 권고했다. 마침내 그는 포도주 술기운 때문에 부드럽게 졸음에 빠져서 편안한 잠을 자러 갔다. 자디그는 그 밤을 더없이 격렬한 흥분 속에서 보냈다.

"뭐라고! 왕이 미쳐버렸다고! 살해되었다고!" 자디그는 혼잣소리를 했다. "그를 동정하지 않을 수가 없구나. 제국은 갈기갈기 찢기고, 그 강도는 행복하다니. 오 운수여! 오 운명이여! 도둑은 행복하고, 자연에서 가장 사랑스런 존재는 아주 끔찍하게 어쩌면 죽었거나 혹은 죽음보다 더 나쁜 상태로 살고 있을지 모른다니. 오 아스타르테, 당신은 어떻게 되었나요?"

동이 트자마자 그는 성에서 마주치게 된 사람들 모두에게 물었다. 하지만 모두들 바빠서 대답해주는 사람은 아무도 없었다. 밤사이에 새로운 공격들을 해서 전리품을 나눠갖고 있었다. 그 떠들썩한 혼란 속에서 그가 얻을 수 있었던 거라고는 떠나도 좋다는 허락이었다. 그는 지체하지 않고 그 기회를 이용하였다. 고통스런 생각들 속에 그 어느 때보다도 깊이 잠겨서…

자디그는 어안이 벙벙하고 흥분에 싸여 걷고 있었다. 불행한 아스타르테, 바빌론의 왕, 그의 충신 카도르, 행복한 강도 아르보가드, 바빌론 사람들이 이집트 국경에서 납치해간 너무나 변덕스런 여인, 그리고 그가 겪었던 온갖 불의의 사고들과 온갖 불행에 대해 생각하느라 정신이 팔려 있는 채…

# 15장 낚시꾼



아르보가드 성으로부터 몇 리 떨어진 곳에서 작은 강가에 닿게 되었다. 자디그는 여전히 자신의 운명을 한탄하고 자신을 불행의 모델로 여기고 있었다. 거기서 그는 강가에 누워 있는 낚시꾼 한 명을 보았는데, 그 낚시꾼은 기운 없는 손으로 그물을 겨우 붙잡고 있어서 마치 내버려두는 듯이 보였으며, 눈은 하늘을 올려다보고 있었다.

"나는 분명히 모든 인간들 중에서 가장 불행할 거다." 그 낚시꾼이 말했다. "모든 사람이 인정하는 바에 따르면 나는 바빌론에서 가장 유명한 크림치즈 상인이었는데, 파산을 했다. 나에게는 남자가 소유할 수 있는 아내들 중에서 가장 예쁜 아내가 있었는데, 그녀로부터 배반을 당했다. 그리고 남은 거라고는 보잘것없는 집 한 채뿐이었는데 약탈당하고 파괴되는 꼴을 보고야 말았다. 그래서 오두막에 은신하여 이제 낚시 외에는 아무런 생활방편이 없는데, 물고기는 한 마리도 안 잡히는구나. 오, 나의 그물아! 나는 이제 더 이상 너를 물에 던지지 않겠다. 그 물에 던져야 할 것은 바로 나다."



그렇게 말하더니 그는 자리에서 일어나 뛰며 자기 인생을 끝낼 것 같은 태도로 돌진했다.

"아니, 세상에! 나만큼 불행한 사람들이 있구나!" 자디그는 생각했다.

낚시꾼의 목숨을 구하려는 열정이 그 생각만큼 신속했다. 그는 낚시꾼에게 달려가 멈추게 하고는 측은해하고 위로하는 태도로 그에게 물었다. 자기 혼자만 불행한 것이 아닐 때는 불행을 덜 느끼게 되는데, 조로아스터에 따르면, 이는 악의에 의해 그런 것이 아니라 필요에 의해 그런 것이라고 사람들은 주장한다. 그래서 사람들은 자기와 비슷한 사람들에게 끌리는 것처럼 불행한 사람들에게 끌리는 것을 느끼게 된다. 행복한 사람의 기쁨은 일종의 모욕이 될 테지만, 불행한 두 사람은 마치 서로가 서로에게 기대고 있는 두 그루의 연약한 관목들같이 폭풍을 맞을 때 서로를 강화시켜준다.

"왜 당신의 불행에 굴복하는 겁니까?" 자디그가 낚시꾼에게 말했다.

"가망이 보이지 않기 때문입니다." 낚시꾼이 대답했다. "저는 바빌론 근처의 데를바크 마을에서 아주 존경받았었고, 아내의 도움으로 그 제국에서 최고로 좋은 크림치즈를 만들었습니다. 아스타르테 왕비와 그 유명한 자디그 총리가 저의 치즈들을 굉장히 좋아했었지요. 저는 그분들의 집에 6백 개의 치즈를 공급했었습니다. 그런데 어느 날 치즈 값을 받으러 그 도시로 갔다가 왕비와 자디그 장관이 사라져버렸다는 것을 알게 되었습니다. 저는 자디그 나리의 집으로 달려갔지만 그를 전혀 보지 못했습니다. 그 대신 거기서 데프테르다르의 궁수들을 발견했지요. 그들은 왕의 칙서를 갖고 있었으며 충성스럽게 차근차근 그 집을 약탈하였습니다. 제가 왕비의 부엌으로 달려갔더니 음식을 담당하는 나리들 몇 명이 왕비가 죽었다고 제게 말하더군요. 어떤 사람들은 왕비가 감옥에 있다고 말하고, 또 어떤 사람들은 왕비가 도망을 쳤다고 주장했습니다. 그런데 모두들 한결같이 제가 치즈 값을 받지 못할 것이라고 장담했지요. 저는 제 아내와 함께 단골고객들 중 하나인 오르칸 영주의 집으로 갔습니다. 우리는 그에게 불행에 처한 우리를 보호해달라고 부탁했습니다. 그는 그 보호를 제 아내한테만 허락해주고, 저에게는 거절했습니다. 그녀는 제 불행의 시작인 그 크림치즈보다 더 하얀 피부를 갖고 있었고, 티르(Tyr)의 주홍빛 광채도 그녀의 흰 피부에 생기를 주는 선홍빛보다 더 반짝거리지는 못했습니다. 바로 그 때문에 오르칸이 그녀를 붙잡아두고 저를 그의 집에서 쫓아냈습니다. 저는 제 사랑하는 아내에게 절망에 빠진 자로서 편지를 써서 보냈습니다. 그 편지를 갖다 준 사람에게 그녀는 말했습니다. '아, 아! 네! 내게 편지 한 사람이 누구인지 알아요. 그 사람에 대한 얘기를 들은 적이 있지요. 그가 훌륭한 크림치즈를 만든다고 하더군요. 그 치즈를 좀 가져오고 그에게 치즈 값을 지불하세요.'"

"불행에 빠진 저는 사법에 호소하려 했지요. 저에게는 6온스의 금이 남아 있었어요. 그 중 2온스는 제가 자문을 구한 법조인에게 주어야 했고, 2온스는 제 사건을 맡은 검찰관에게 주어야 했고, 나머지 2온스는 수석 판사의 비서에게 주어야 했지요. 그렇게 다 했는데도 제 소송은 아직 시작도 안 했어요. 저는 제 치즈와 제 아내보다 더 큰 가치의 돈을 이미 탕진했는데 말입니다. 저는 제 아내를 되찾기 위해 집을 팔 생각으로 우리 마을로 돌아왔어요."

"우리 집의 가격은 60온스의 금 정도쯤 되었죠. 그러나 제가 가난하다는 것과 서둘러 팔려 한다는 것을 사람들이 알았어요. 제가 처음 말을 걸었던 사람은 집의 가격으로 30온스를 제안했지요. 두 번째 사람은 20온스, 세 번째 사람은 10온스를 제안했어요. 저는 결국 흥정을 끝내버리려 했어요. 그 정도로 눈이 멀어 있었지요. 그런데 그 때 히르카니아의 군주가 바빌론에 와서 지나가는 자리의 모든 것들을 파괴해버렸어요. 제 집은 우선 약탈당하고 난 뒤 불에 태워졌지요."

"그렇게 제 돈, 제 아내, 제 집을 잃고 나서 저는 나리께서 보고 계신 이 지방으로 와서 은신해 있었죠. 저는 어부라는 직업으로 연명하려 애썼습니다. 그러나 물고기들은 사람들과 마찬가지로 저를 비웃었어요. 저는 아무것도 잡지 못하고, 굶어 죽어 갑니다. 존엄한 위안자이신 나리가 안계셨다면 저는 죽으려고 강물로 뛰어들었을 겁니다."

그 낚시꾼은 그 이야기를 죽 이어서 하지는

못했다. 자디그가 매순간 흥분하고 열을 띠면서 말을 하였기 때문이다.

"뭐라고요! 당신은 왕비의 운명에 대해 아무것도 모른다고요?"

"모릅니다, 나리." 낚시꾼이 대답했다. "하지만 왕비와 자디그가 제게 크림치즈 값을 전혀 지불하지 않았고, 저는 아내를 빼앗겨서 절망에 빠져 있다는 것은 압니다."

"당신이 받아야 할 돈 전부를 잃게 되지는 않으리라고 장담하오." 자디그가 말했다. "자디그라는 사람에 대해 얘기하는 것을 들은 적이 있는데, 그는 정직한 사람이고, 만약 그가 바라는 대로 바빌론으로 돌아온다면 당신에게 진 빚을 갚을 거요. 하지만 당신의 아내는 그리 정직하지 못한 사람이므로 그녀를 되찾으려 애쓰지 말라고 충고하고 싶소. 내 말을 믿으시오. 바빌론으로 가시오. 그러면 내가 먼저 가 있을 거요. 나는 말을 타고 가고, 당신은 걸어서 갈 테니까. 그곳에 가서 그 유명한 카도르를 찾아가시오. 그에게 당신이 그의 친구를 만났다고 말하시오. 그리고 그의 집에서 나를 기다리시오. 자, 아마도 당신은 늘 불행하지는 않을 것이오."

"오 전능하신 아후라마즈다여! 당신께서는 이 사람을 위로해주시려고 저를 사용하시는군요." 자디그가 계속해 말했다. "그렇다면 저를 위로하기 위해서는 누구를 사용하실 건가요?"

자디그는 이렇게 말하고 나서 자기가 아라비아로부터 가져온 돈의 절반을 낚시꾼에게 주었다. 낚시꾼은 당황스러우면서도 너무 좋아서 카도르의 친구의 발에 입을 맞추었다. 그리고 말했다.

"당신은 구원천사이십니다."

그러는 동안 자디그는 여전히 새 소식들을 물었고, 눈물을 흘렸다.

"아니! 나리, 그토록 좋은 일을 하시는 나리께서도 그렇게 불행하신 겁니까?" 낚시꾼이 소리쳤다.

"당신보다 백배는 더 불행하오." 자디그가 대

답했다.

“아니, 어떻게 베푸는 사람이 받는 사람보다 더 불쌍해질 수가 있는 거죠?” 그 선량한 낚시꾼이 말했다.

“왜냐하면 당신의 가장 큰 불행은 결핍이고, 나의 불행은 마음에서 비롯된 것이기 때문이오.” 자디그가 말했다.

“혹시 오르칸이 나리의 아내를 빼앗아갔나요?” 낚시꾼이 말했다.

그 말이 자디그의 머릿속에 그가 겪은 모든 일을 떠올리게 하는 바람에 그는 왕비의 암캐로부터 시작하여 강도 아르보가드의 성에 도착하기까지의 모든 불행을 다시 한 번 죽 훑어보게 되었다.

“아! 오르칸은 벌을 받아 마땅하오.” 자디그가 말했다. “하지만 일반적으로 운명이 총애하는 자들은 바로 그런 사람들이오. 어찌됐든 카도르 영주의 집으로 가서 나를 기다리시오.”

그러고 나서 그들은 헤어졌다. 낚시꾼은 자신

의 운명을 감사하면서 걸었고, 자디그는 자신의 운명을 여전히 비난하면서 달렸다.

# 16장 바실리스크



아름다운 초원에 도착한 그는 거기서 뭔가를 아주 열심히 찾고 있는 여인들을 여럿 보았다. 그는 실례를 무릅쓰고 그들 중 한 명에게 다가가 그들이 찾는 것을 도와줘도 되겠는지 물어보았다.

“그러지 마세요.” 그 시리아 여인이 대답했다. “우리가 찾고 있는 것은 여자들만 만질 수 있는 것이니까요.”

“거 참 이상하군요.” 자디그가 말했다. “여자들만 만지도록 허용된 것이 무엇인지 가르쳐달라고 감히 부탁드려도 될까요?"

"그것은 바실리스크[37]입니다." 그녀가 말했다.

"바실리스크라고요, 부인! 아니 무슨 이유로 바실리스크를 찾고 계신지요?"

"풀밭 끝에 있는 강의 가장자리에 보이는 성(城)의 주인이신 우리 오굴 영주를 위해서입니다. 우리는 그분의 아주 미천한 노예들이지요. 오굴 영주는 지금 병환 중이십니다. 그분의 의사가 장미수에 넣어 익힌 바실리스크를 먹으라는 처방을 영주께 내렸습니다. 그런데 그 동물은 아주 희귀하고 여자들한테만 잡히는 동물이므로 오굴 영주는 우리들 중에서 바실리스크 한 마리를 가져오는 여인을 사랑하는 아내로 삼겠다고 약속했지요. 이제 제가 그 동물을 찾도록 놔두세요. 같이 온 다른 여자들이 저보다 먼저 찾으면 제가 뭘 잃게 되는지 나리도 잘 아실 테니까요."

자디그는 그 시리아 여인과 다른 여인들이 바실리스크를 찾도록 놔두고 그 초원에서 계속 걸어갔다. 작은 시냇물 가장자리에 도달했을 때 거기서 풀밭에 누워 아무것도 찾지 않는 여인을 보게 되었다. 그녀의 몸매는 위엄이 있었으나 얼굴은 베일로 가려져 있었다. 그녀는 시냇물 쪽으로 몸을 기울이고 있었고, 깊은 한숨들이 그녀의 입에서 새어 나왔다. 그녀는 작은 막대기를 손에 쥐고 있었고, 그 막대기로 풀밭과 시냇물 사이에 있는 고운 모래 위에 글자들을 새기고 있었다. 자디그는 그 여인이 무엇을 쓰고 있는지 궁금했다. 그래서 다가가 글자를 보니 Z와 이어서 A였다. 그는 깜짝 놀랐다. 그런 다음 D가 나타났다. 그는 부르르 떨었다. 자기 이름의 마지막 두 철자를 보게 되었을 때 그는 더할 수 없이 놀랐다. 그래서 잠시 꼼짝 않고 있었다. 마침내 그는 침묵을 깨고 뚝뚝 끊어지는 목소리로 말했다.

"오 너그러운 부인이시여! 어떤 놀라운 일로 해서 부인이 그 신성한 손으로 쓰신 자디그란 이름을 제가 여기서 보게 되는 건지 감히 여쭤보는 이 불행한 나그네를 용서해주시겠지요?"

이 목소리에, 이 말에, 그 부인은 떨리는 손으로 베일을 들어 올리고 자디그를 바라보더니 감동과 놀라움과 기쁨에 찬 외침소리를 내지르고 동시에 그녀의 영혼을 엄습하는 온갖 다양한 움직임에 압도되어 그의 팔에 쓰러져 기절하고 말았다. 바로 아스타르테였다! 바빌론의 왕비! 자디그가 너무나 사랑하면서도 사랑하게 된 것을 자책하게 만든 바로 그 여인이었다! 그는 그녀 때문에 너무 많이 울었고, 그녀의 운명을 너무 걱정했었다. 자디그는 잠시 감각을 쓰지 못하더니, 혼란과 애정이 뒤섞인 우수와 함께 다시 뜬 아스타르테의 눈과 그의 눈이 얽히자 소리쳤다.

"허약한 인간들의 운명을 주재하시는 오 전능하신 신들이시여! 제게 아스타르테를 돌려주시는 겁니까? 언제, 어디서, 어떤 상태로 제가 그녀를 다시 보고 있는 건가요?"

그는 아스타르테 앞에 몸을 던져 무릎을 꿇고

자신의 이마를 그녀의 발의 먼지에 갖다 댔다. 바빌론의 왕비는 그를 일으켜 세워 시냇가에서 자기 곁에 앉게 하고는 눈물이 여전히 자꾸 흘러내리는 눈을 여러 차례 훔쳐냈다. 그녀는 흐느끼느라 자꾸 중단되는 이야기를 스무 번쯤 다시 시작하였다. 그녀는 그들을 다시 만나게 해준 우연에 대해 자디그에게 물어보더니 그가 대답하기도 전에 갑자기 다른 질문들을 하였다. 그녀는 자신의 불행에 대해 얘기를 시작해놓고는 자디그의 불행에 대해 알고 싶어 했다. 마침내 그들 둘 다 영혼의 동요를 좀 진정시키자 자디그가 어떤 일로 인해 그 초원에 오게 되었는지 간략히 얘기했다.

"그런데, 오 불행하고 존경스런 왕비시여! 어떻게 이런 외딴 곳에서 노예 복장을 하고 의사의 처방에 따라 장미수에 익힐 바실리스크를 찾고 있는 다른 노예 여인들과 함께 있는 건가요?"

"다른 여인들이 바실리스크를 찾고 있는 동안, 내가 그간 겪은 일들과 내가 당신을 다시 보게 되어 하늘에 용서한 것들을 모두 알려줄게요. 내 남편인 왕은 당신이 모든 남자들 중에서 가장 사랑스러운 사람이라는 것을 안 좋아했음을 당신도 알고 있습니다. 그리고 바로 그 이유 때문에 왕이 어느 날 밤 당신을 목 조르고 독살시키기로 결심을 하였지요. 당신은 어떻게 나의 어린 벙어리 신하가 지고한 폐하의 명령에 대해 내게 미리 알려주도록 하늘이 허락하셨는지 알고 있어요. 충실한 카도르가 당신으로 하여금 내 말에 따라 떠나게 해놓고 곧이어 한밤중에 비밀 출구를 통해 내 방에 찾아오는 일을 감행했지요. 그는 나를 납치하여 아후라마즈다의 사원으로 데리고 갔어요. 거기서 그의 형제인 신관이 어느 거대한 조각상 속에 나를 가두었는데, 그 조각상의 아래쪽은 사원의 기반과 닿아 있었고, 두상(頭上)은 사원의 둥근 천장까지 닿았어요. 나는 거기서 매장된 듯 있긴 했지만 신관의 시중을 받았고 필요한 것은 다 있었죠. 그러는 동안 새벽에 동이 틀 무렵 폐하의 약제사는 사리풀, 아편, 독당

근, 검은 원산초, 바곳이 섞인 물약을 가지고 궁의 내 방으로 들어갔어요. 다른 장교는 파란색 실크로 된 줄을 가지고 당신의 집으로 갔지요. 그렇지만 아무도 발견하지 못한 거죠. 카도르는 왕을 잘 속여 넘기기 위해 우리 둘을 비난하러 오는 척하며 왕을 보러 갔어요. 그는 당신은 인도로 가고 나는 멤피스로 갔다고 말했어요. 그래서 당신과 나를 쫓도록 부하들이 보내졌죠."

"나를 찾아다녔던 파발꾼들은 나를 알지 못했어요. 나는 남편의 명령에 따라 거의 오로지 당신에게만 그것도 그가 함께 있을 때만 내 얼굴을 보였었으니까요. 그들은 나를 그린 초상화를 바탕으로 나를 추적하러 뛰어다녔지요. 키가 나와 같고 어쩌면 나보다 더 매력적인 어느 여인이 이집트 국경에서 그들의 눈에 띄게 되었어요. 그녀는 눈물에 젖어 방황하고 있었어요. 추적자들은 그 여인이 바빌론의 왕비일 거라고 믿어 의심치 않았어요. 그들은 그녀를 모압다르에게 데리고 갔지요. 그들의 착각이 처음에는 왕을 격분케 만들었어요. 하지만 곧이어 왕은 그 여인을 더 가까이서 살펴보더니 그녀를 아주 예쁘다고 여겨서 위로가 되었어요. 그녀의 이름은 밋수프랍니다. 이집트어로 그 이름은 '변덕스런 미녀'라는 뜻이라고 후에 사람들이 말해줬어요. 그녀는 실제로 변덕스런 미녀였어요. 하지만 변덕만큼 기교도 갖고 있어서 모압다르의 마음에 들게 되었지요. 그녀는 왕이 자기를 아내로 선포하게 만들 만큼 그를 매료시켰지요. 왕비가 되자 그녀는 완전히 본색을 드러내어 두려움 없이 자신의 상상에서 비롯된 온갖 미친 짓들에 전념했지요. 그녀는 늙고 통풍에 걸린 우두머리 신관에게 자기 앞에서 춤을 추라고 시켰고, 그 신관이 거절하자 그를 난폭하게 박해했지요. 대시종에게는 잼이 든 파이를 만들어달라고 명령했어요. 그 대시종이 자기는 제빵사가 아니라고 항의해봤자 소용없었죠. 그는 파이를 만들어야만 했고, 그 파이가 너무 타버렸다는 이유로 쫓겨나고야 말았어요. 밋수프는 대시종 직

책을 자신의 난쟁이 하인에게 맡기고, 대법관 자리는 어느 시동에게 맡겼어요. 그녀는 그런 식으로 바빌론을 통치했어요. 모든 사람들이 나를 아쉬워했지요. 왕은 나를 독살시키고 당신을 목 졸라 죽이려 하기 전까지는 꽤 정직한 사람이었는데, 그 변덕스런 미녀에 대한 엄청난 사랑 속에다 자신의 덕목들을 익사시킨 것 같았어요. 성화(聖火)의 위대한 날에 왕이 사원에 왔어요. 내가 갇혀 있던 조각상의 발아래서 그가 밋수프를 위해 신들에게 간청하는 모습을 나는 보았지요. 나는 목소리를 높여서 그에게 외쳤어요. '폭군이 되어 버리고 도를 벗어난 여인과 결혼하려고 이성적인 여인을 죽게 만들려 했던 왕의 소원을 신들은 거절한다.' 모압다르는 그 말에 몹시 당황하여 머리가 혼란스러워질 지경까지 되었죠. 그로서는 내가 준 신탁, 밋수프의 횡포가 분별력을 잃게 만들기에 충분했어요. 그래서 며칠 안 되어 미쳐버렸죠."

"하늘의 형벌로 보이는 그의 광기는 반란의

신호였어요. 사람들이 들고 일어나 무장을 하고 뛰어다녔어요. 그토록 오랫동안 한가로운 나태함에 빠져 있던 바빌론이 끔찍한 내전의 무대가 되었지요. 사람들이 나를 조각상 안에서 끌어내주더니 어느 일당의 선두에 세웠어요. 카도르는 당신을 바빌론으로 다시 데려오기 위해 멤피스로 달려갔죠. 히르카니아의 군주는 그 흉흉한 소식을 알게 되자 칼데아에서 제3의 파벌을 만들려고 자기 군대와 함께 다시 왔어요. 그는 왕을 공격했고, 왕은 그 터무니없는 이집트 여자와 함께 히르카니아 군주 앞으로 과감히 달려 나갔어요. 모압다르는 칼에 찔려 죽었죠. 밋수프는 승자의 손에 넘어갔고요. 나의 불행은, 나 또한 어느 히르카니아 일당에게 붙잡혀서 밋수프가 붙들려간 바로 그 때 히르카니아 군주 앞에 끌려갔다는 점입니다. 그 군주가 이집트 여인보다 나를 더 아름답다고 생각했다는 것을 당신이 알면 아마 기분이 좋을 테죠. 하지만 그가 나를 자신의 후궁으로 보내려 했다는 것을 알면 화가 나겠죠. 그는 자기가 집행하려 하는 군사원정이 끝나는 즉시 내게로 오겠다고 아주 단호히 말했어요. 내 괴로움이 어땠을지 생각해보세요. 모압다르와 나와의 관계는 끊어졌으니 내가 자디그의 여인이 될 수도 있는데 그 야만인의 사슬에 묶이게 되었으니! 나는 내 지위와 내 감정이 주는 긍지를 총동원하여 그에게 대응했어요. 하늘이 나 같은 부류의 사람들에게는 고귀한 성격을 부여하여 존경심에서 감히 멀어져가는 무모한 자들을 단 한마디와 단 한 번의 눈짓으로 가장 깊은 존경심을 보이도록 낮추게 만들 수 있다는 얘기를 늘 들어왔었지요. 나는 왕비답게 말했습니다. 그러나 시녀처럼 취급당했지요. 히르카니아 군주는 내게 말조차 걸지 않고 자신의 흑인 내시에게 내가 건방지긴 하지만 예쁘다고 말하였어요. 그는 자기 내시에게 나를 잘 돌봐주고 그의 총애를 받는 다른 여인들처럼 생활하게 만들라고 지시했어요. 나의 피부가 생기를 되찾도록, 그리고 자기가 내게 은혜를 베풀 여유가 생기는 날을 위해 그 은혜에 더욱 어울리도록 하라는 것이었죠. 그래서 나는 그에게 차라리 자살해버리겠다고 말했어요. 그랬더니 그는 웃어대면서 결코 자살하지 않을 것이며 자기는 이런 일에 익숙하다고 반박하고 나서 앵무새 한 마리를 자기 동물원에 막 넣어놓은 사람처럼 내 곁을 떠났지요. 세계에서 제일가는 왕비가 그런 상태에 놓이다니! 게다가 더 말해보자면 자디그에게 속한 마음을 갖고 있는 여인이 그런 상태라니!"



이 말에 자디그는 그녀의 무릎에 몸을 던져 그 무릎을 눈물로 적셨다. 아스타르테는 그를 다정하게 일으켜 세우더니 다음과 같이 말을 계속했다.

"나는 야만인의 지배하에 놓이고, 함께 갇혀 있는 미친 여자의 경쟁자가 되었다는 것을 알았어요. 그녀는 자기가 이집트에서 겪은 일을 내게 얘기했어요. 나는 그녀가 묘사하는 남자의 특징이나 시간이나 그 남자가 탔던 단봉낙타나 온갖 정황들을 통해 그녀를 위해 싸웠던 사람이 자디그라고 판단했어요. 나는 당신이 멤피스에 있으리라는 것을 믿어 의심치 않고 그곳에서 빠져나오기로 결심했죠. 그래서 그녀에게 말했어요. '아름다운 밋수프, 당신은 나보다 훨씬 재미있는 사람이므로 히르카니아 군주를 나보다 훨씬 잘 즐겁게 해줄 겁니다. 그러니 내가 도망칠 수 있도록 도와주세요. 그러면 당신은 경쟁자를 치워버림으로써 당신 혼자서 군림하게 될 테고 그뿐만 아니라 나를 행복하게 만들어주게 될 것입니다.' 밋수프는 나와 함께 나의 도망계획을 세웠지요. 그렇게 해서 나는 이집트 여자노예와 함께 몰래 떠나게 되었어요."

"내가 벌써 아라비아 근처에 와 있을 때 아르보가드라는 어느 유명한 강도가 나를 납치하여 상인들에게 팔아버렸고, 그 상인들은 오굴 영주가 사는 이 성으로 나를 데려왔어요. 오굴 영주는 내가 누군지도 모르고 나를 샀어요. 그는 잘 차려먹는 것만 추구하고, 신이 자기를 세상에 보낸 것은 잘 먹게 하기 위함이라고 믿는 향락적인 사람이지요.

그는 극도로 비만이어서 늘 숨 막혀 죽을 지경이었어요. 그의 주치의는 그가 소화를 잘 시킬 때는 그의 곁에서 영향력이 거의 없다가, 그가 너무 많이 먹었을 때는 그를 마음대로 지배했지요. 그 주치의는 오굴 영주에게 장미수에 익힌 바실리스크가 있으면 그를 낫게 할 거라고 믿게 만들었어요. 그래서 오굴 영주는 그의 여자 노예들 중에서 바실리스크를 가져오는 여인을 아내로 삼겠다고 약속했지요. 당신이 보다시피 나는 다른 노예들이 서둘러 그 영예를 차지하려고 애쓰도록 놔두고 있어요. 하늘이 당신을 다시 만나게 해준 이래 나는 그 바실리스크를 찾고 싶은 마음이 더더욱 없어졌어요."

그렇게 아스타르테와 자디그는 오래도록 억눌러왔던 감정들을 서로 얘기했고, 그들의 불행과 그들의 사랑이 가장 고귀하고 가장 열정적인 마음들에 끼칠 수 있는 모든 것을 얘기했고, 사랑을 주재하는 정령들이 그들의 얘기를 금성의 영역에까지 실어다놓았다.[38)]

여자들이 아무것도 발견하지 못한 채 오굴의 성으로 돌아갔다. 자디그는 오굴 앞에 나서서 다음과 같이 말했다.

"불멸의 건강이 영주님의 나날을 돌봐주기 위해 하늘로부터 내려오기를 기원합니다! 저는 의사이기에 영주님이 편찮으시다는 소문을 듣고 영주님께 달려왔습니다. 저는 장미수에 익힌 바실리스크를 영주님께 가져왔습니다. 그렇다고 해서 제가 영주님과 결혼하려고 그런 것은 아닙니다. 저는 그저 영주님께서 며칠 전부터 데리고 계시는 바빌론의 젊은 노예의 해방만을 요청 드리는 바입니다. 그리고 제가 너그러우신 오굴 영주님을 낫게 해드리는 행복을 갖지 못하게 되면 제가 그녀 대신에 노예로 남아있겠습니다."

그 제안은 받아들여졌다. 아스타르테는 무슨 일이 일어났는지 자디그에게 모두 알려주기 위해 끊임없이 파발꾼을 보내기로 약속하고서 자디그의 하인과 함께 바빌론으로 출발했다. 그들의 작별인

사는 그들의 해후 때와 마찬가지로 다정했다. 젠드의 위대한 책에서 말하듯이 '사람들이 다시 만나는 순간과 다시 헤어지는 순간은 인생에서 가장 위대한 두 시기'이다. 자디그는 자기가 맹세한 만큼 왕비를 사랑했고, 왕비는 그에게 말한 것보다 더 많이 그를 사랑했다.

그런데 자디그는 오굴에게 다음과 같이 말했다.

"제 바실리스크는 먹는 것이 전혀 아닙니다. 그 동물의 온갖 효력은 모공들을 통해 영주님의 몸 안으로 들어가야만 합니다. 그래서 제가 잘 부풀려지고 얇은 가죽으로 덮인 작은 부대에다 그것을 넣었습니다. 영주님은 그 가죽 부대를 있는 힘을 다해 밀어야 하며 저는 영주님께 여러 차례 그것을 다시 보내드려야 합니다. 그런 식으로 하면 며칠 안 되어 영주님은 내 기술이 어떤 효과를 내는지 보시게 될 겁니다."

오굴은 첫날에는 완전히 숨을 헐떡거리며 피로로 죽을 거라고 믿었다. 둘째 날에는 덜 피곤했으며 잠을 잘 잤다. 일주일 만에 그는 전성기 때의 기력, 건강, 가뿐함, 쾌활함을 모두 회복했다.

"영주님께서는 공놀이를 하고 절제를 하신 겁니다." 자디그가 영주에게 말했다. "자연 속에 바실리스크란 없으며, 절제와 운동으로 언제나 건강할 수 있으며, 폭식과 건강을 함께 존속시키는 기술이란 연금술의 돌이나 점성술이나 신관들의 신학처럼 허황된 것임을 알아두십시오."

오굴의 수석 주치의는 그 사람이 의학에 얼마나 위험한 자인지를 느끼고는 자디그를 다른 세상으로 보내 바실리스크들을 찾아다니게 만들기 위해 영주의 약제사와 결탁했다. 자디그는 좋은 일을 한 대가로 늘 벌을 받아왔는데, 이번에도 탐식가 영주를 낫게 한 대가로 죽어갈 위기에 놓여 있었다. 그는 어느 훌륭한 저녁식사에 초대되었다. 두 번째 음식이 나올 때 그는 독살당하도록 되어 있었다. 그런데 그가 첫 번째 음식을 받았을 때 아름다운 아스타르테의 전갈을 받게 되었다. 그는 식탁에서 물러나 출발했다. '아름다운 여인의 사랑을 받게 되면 이 세상에서는 언제나 궁지에서 빠져나오게 된다.' 고 위대한 조로아스터는 말했다.

# 17장 시합



왕비는 바빌론에서 열렬한 환영을 받았다. 불행했던 아름다운 왕녀에 대해 사람들은 늘 열광하는 법이니까. 바빌론은 그 당시 더욱 평온해 보였다. 히르카니아 군주는 싸움에서 죽어버렸다. 승리를 한 바빌론 사람들은 자기네가 군주로 선택하는 자와 아스타르테가 결혼할 것이라고 공언했다. 아스타르테의 남편이자 바빌론의 왕이라는 세계 제일의 자리가 음모와 책동에 의해 정해지는 것을 아무도 원치 않았다. 사람들은 가장 용맹스럽고 가장 지혜로운 자를 왕으로 인정하겠다고 맹세했다. 멋지게 장식된 계단식 객석들로 둘러싸인 커다란 원형경기장이 도시로부터 몇 리 떨어진 곳에 형성되었다. 투사들은 완전무장 차림으로 그곳에 와야 했다. 그들은 계단식 객석들 뒤에 각자 분리된 대기실을 하나씩 갖고 있고 거기서 아무에게도 눈에 띄거나 알려져서는 안 되었다. 시합은 창을 겨누고 돌진하는 것을 네 번 해야 했다. 네 명의 기사들을 물리친 행복한 투사들은 이어서 서로 싸워야 했다. 그 결투장의 마지막 주인으로 남게 되는 자가 그 경기의 승자로 선포되는 방식이다. 그런 다음 그 승자는 같은 무기들을 가지고 나흘 뒤 다시 와서 신관들이 내놓는 수수께끼들을 설명해야 했다. 그가 그 수수께끼들을 설명하지 못하면 왕이 되지 못하고, 그 두 차례 싸움에서 승자가 되는 사람을 찾을 때까지 투창경기를 다시 시작해야 했다. 왜냐하면 백성들이 꼭 가장 용감하고 가장 지혜로운 자를 왕으로 뽑고 싶어 했기 때문이다. 왕비는 그 모든 일이 벌어지는 동안 단단히 지켜져야 했다. 그녀에게는 오로지 경기에 참석하는 것만 허용되었는데, 그것도 베일을 쓰고서였다. 하지만 지원자들 중 그 누구에게든 말하는 것은 허용되지 않았다. 특혜나 부당함이 없게 하기 위함이었다.

바로 그러한 것이 아스타르테가 자신의 연인에게 알려주고 싶었던 것이다. 그가 자기를 위해 그 누구보다 더 용기와 지성을 보여주게 되기를 기대하면서 말이다. 자디그는 출발하면서 자신의 용기를 강화시켜주고 자신의 지성을 깨워달라고 비너스에게 기도했다. 그는 그 결전의 날 전날에 유프라테스 강가에 도착했다. 그는 경기 참석자들의 좌우명들 가운데 자신의 것도 쓰게 하고 나서, 법이 지시한 대로 자신의 얼굴과 이름을 감춘 채 추첨을 통해 정해진 대기실로 쉬러 갔다. 그의 친구 카도르는 쓸데없이 이집트에서 그를 찾아다닌 후 바빌론에 돌아와 있었다. 카도르는 왕비가 자디그에게 보내는 완벽한 갑옷을 자디그의 대기실로 갖다놓게 했다. 카도르 자신은 페르시아의 가장 아름다운 말을 그에게 선사했다. 자디그는 그 선물들을 보고 아스타르테의 선처임을 알아보았다. 그래서 그의 용기와 사랑은 새로운 힘과 새로운 희망을 얻게 되었다.

다음날, 왕비가 보석들이 달린 닫집 아래로 와서 자리 잡고, 계단식 객석들이 바빌론의 모든 귀부인들과 모든 서열들의 사람들로 꽉 차자, 투사들은 원형경기장 안에 등장했다. 그들은 각자 대신관의 발아래 자신의 좌우명을 갖다놓았다. 그 좌우명들로 추첨을 하였다. 자디그의 좌우명이 맨 마지막이었다. 앞으로 나선 첫 번째 투사는 '이토바드'라는 매우 부유한 영주로서 굉장히 허영심이 강하고 용기는 별로 없으며 대단히 서투르고 지성도 없었다. 그의 하인들이 그 같은 사람이 왕이 되어야 한다고 설득하자 그는 하인들에게 이렇게 대답했다. "나 같은 사람이 통치를 해야 한다." 그래서 하인들이 그를 머리부터 발끝까지 무장시켰다. 그는 초록색 법랑을 입힌 황금 갑옷을 입고 초록색 깃털 장식을 달았으며 초록색 리본으로 장식된 창을 들고 있었다. 관중들은 이토바드가 말을 모는 방식을 보고서 바빌론의 왕으로 하늘이 점지한 사람이 아니라는 것을 알아챘다. 그에게 달려가던 첫 번째 기사는 그를 낙마시켰다. 두 번째 기사는 그를 말 엉덩이에서 고꾸라뜨려 두 다리는 공중으로 떠 있고 팔은 늘어뜨리고 있게 만들었다. 이토바드는 다시 제 자리를 잡았지만 너무 엉망인 자세로 그렇게 하는 바람에 객석의 모든 관람객들이 웃어대기 시작했다. 세 번째 기사는 자기가 들고 있던 창을 사용하지도 않았다. 그 기사는 지나가면서 오른쪽 다리로 이토바드를 붙들어 반 바퀴 돌게 만들더니 모래 위로 떨어뜨렸다. 경기의 시종들이 웃으며 달려와서 그를 다시 안장에 태웠다. 네 번째 기사는 그를 오른쪽 다리로 붙잡아서 반대쪽으로 떨어뜨렸다. 이토바드는 관중의 야유를 받으면서 대기실로 옮겨졌다. 법에 따라 그는 거기서 밤을 보내야 했다. 그는 겨우 걸으며 말했다. “나 같은 사람에게 이 무슨 일인지!”

다른 기사들은 자신들의 의무를 더 잘 해냈다. 연이어 두 명의 투사를 이겨낸 기사들도 있었고, 몇몇은 세 명까지도 해치웠다. 네 명을 해치운 사람은 오타므 왕자밖에 없었다. 마지막으로 자디그 차례가 되었다. 그는 더없이 우아한 자세로 네 명의 기병들을 낙마시켰다. 그러므로 오타므나 자디그 둘 중에서 최후의 승자가 가려지게 되었다. 오타므는 파란색과 황금색으로 무장해 있었고 깃털도 같은 색이었다. 자디그는 온통 흰색이었다. 모든 염원들이 파란색 기사와 흰색 기사 사이에서 나뉘었다. 왕비는 가슴을 두근거리며 흰색 기사를 위해 하늘에 기도했다.

두 챔피언은 매우 민첩하게 발을 내디디며 찌르기도 하고 급선회하기도 했으며, 서로 창을 너무 잘 던지고 안장에 너무 단단히 붙어있어서 왕비만 빼고 나머지 사람들 모두가 바빌론에 왕이 둘 있었으면 좋겠다고 생각했다. 마침내 그들의 말이 지치고 그들의 창이 부러지자 자디그는 꾀를 써서 그 파랑 왕자의 등 뒤로 가서 그의 말 엉덩이에 올라타 그의 몸 중간을 붙잡고 그를 바닥에 내던지고 그 대신 안장에 자리 잡은 다음, 떨어진 자리에 그대로 누워 있는 오타므 주위로 빙빙 돌며 뛰어다녔다. 객석의 모든 관중들이 소리쳤다.

"하얀 기사의 승리다!"

오타므는 분개하며 자리에서 일어나 검을 꺼냈다. 자디그는 검을 손에 쥐고 말에서 뛰어내렸다. 그들 둘은 경기장에서 힘과 민첩함이 번갈아가며 승리하는 새로운 전투를 벌였다. 그들의 투구의 깃털들, 팔받이의 못들, 갑옷의 그물들이 숱한 기습 공격들 하에 멀리서 튀고 있었다. 그들은 왼쪽, 오른쪽, 머리 위, 가슴 위로 찌르고 베면서 칼질을 하였다. 그들은 뒤로 물러나다가 앞으로 돌진하고, 상대를 재보고 합쳐지고 맞붙고 뱀처럼 도사리기도 하고, 사자처럼 공격도 했다. 그들이 서로에게 가

하는 공격에서 매순간 불꽃이 튀었다. 마침내 자디그는 잠시 정신을 가다듬고 멈춰 서서 속임수를 쓰더니 오타므를 덮쳐서 그를 넘어뜨리고 무장해제를 시켰다. 그러자 오타므가 소리쳤다.

"오, 하얀 기사여! 바빌론을 통치해야 할 사람은 바로 당신입니다."

왕비는 기쁨이 절정에 달했다. 사람들이 파란 기사와 하얀 기사를 법에 의해 제정된 대로 다른 기사들과 마찬가지로 각자의 대기실로 데려갔다. 벙어리들이 그들에게 와서 시중들고 먹을 것을 가져다주었다. 왕비의 어린 벙어리가 자디그의 시중을 들고 있는 것은 아닐지 독자들은 나름대로 판단해 볼 수 있을 것이다. 그런 다음 경기에 참여한 투사들 각자가 다음날 아침까지 각자의 대기실에서 혼자 자도록 놔두었다. 다음 날 아침에는 최종 승자가 자신의 좌우명을 대신관 앞에 가져와서 맞춰보고 확인을 받아야 했다.

자디그가 아무리 사랑에 빠져 있다 해도 잠은

잤다. 그만큼 그는 피곤했다. 그런데 옆방에서 자던 이토바드는 잠을 전혀 안 잤다. 그는 밤중에 일어나서 자디그의 대기실로 들어가 자디그의 흰색 무기들과 좌우명을 집어 들고 그 자리에 자신의 초록색 갑옷을 놓았다. 새벽의 동이 트자 이토바드는 '자기 같은 사람이 승자'라고 선포하기 위해 긍지에 찬 모습으로 대신관에게 갔다. 사람들이 예상치 못하던 일이긴 하지만 자디그가 아직 자고 있는 동안 이토바드가 승자로 선포되었다. 아스타르테는 놀라고 마음속으로 절망하면서 바빌론으로 돌아갔다. 자디그가 깨어났을 때 객석의 대부분은 이미 거의 비어 있었다. 그는 자신의 무기들을 찾아보았지만 초록색 갑옷밖에 발견하지 못했다. 자기 곁에 다른 것은 아무것도 없으므로 그 갑옷으로 몸을 가릴 수밖에 없었다. 놀라고 분개한 그는 격분하며 그 갑옷을 걸치고 그 차림으로 나아갔다.

관중석과 원형경기장에 아직 있던 사람들 모두가 그를 야유하며 맞아들였다. 사람들이 그를 둘러싸고 면전에서 모욕했다. 그 어떤 남자도 그런 굴욕적인 모욕을 견뎌내지 못할 것이다. 인내심이 그에게서 빠져나가 그는 자기에게 감히 무례하게 구는 그 상스런 사람들에게 칼을 휘두르며 비키게 했다. 그런데 그는 어떤 결정을 내려야 할지 몰랐다. 그는 왕비를 볼 수도 없었고, 그녀가 보내준 흰색 갑옷을 요구할 수도 없었다. 만약 그랬다가는 왕비를 위태롭게 만드는 일이 될 테니까. 그래서 왕비가 괴로움에 빠져 있는 동안 그는 분노와 염려에 사로잡혀 있었다. 그는 자신의 별이 그를 기댈 곳 없는 불행에 처하게 했다고 믿었다. 그리고 애꾸눈이를 증오하던 아내와의 사건부터 시작해서 갑옷 사건까지 다시 되새겨보면서 유프라테스 강가를 거닐고 있었다.

"너무 늦게 일어나는 바람에 이렇게 되었구나." 그는 말했다. "만약 내가 잠을 덜 잤더라면 바빌론의 왕이 되고 아스타르테를 얻게 되었을 텐데. 그러므로 학문, 생활태도, 용기는 나의 불행만 가져 왔구나."

마침내 그에게서 신의 뜻에 항의하는 불평이 새어나왔고, 모든 것이 선한 자들을 억압하고 초록색 기사 같은 자들을 번영케 하는 잔인한 운명에 의해 지배된다고 믿고 싶어졌다. 그토록 야유를 받게 만든 초록색 갑옷을 입고 있는 것도 그의 근심거리 중 하나였다. 어느 상인이 지나가자 자디그는 상인에게 그 갑옷을 헐값에 팔고 상인의 옷과 긴 모자를 얻었다. 자디그는 그런 차림으로 절망에 싸여 그를 늘 박해하는 신의 섭리를 마음속으로 비난하면서 유프라테스 강을 따라 걸었다.

# 18장 은자



자디그는 걷다가 근엄한 하얀 수염이 허리춤까지 내려오는 은자 한 명을 만났다. 그 은자는 손에 책 한 권을 들고 주의 깊게 읽고 있었다. 자디그는 멈춰 서서 그에게 몸을 깊숙이 숙여 인사했다. 은자가 자디그에게 매우 고상하고 아주 부드럽게 인사를 하여 자디그는 그와 얘기를 나누고 싶은 호기심이 생겼다. 자디그는 그에게 어떤 책을 읽고 있느냐고 물었다.

"운명들에 관한 책이라오." 은자가 말했다.

"운명에 대해 뭔가를 읽고 싶소?"

은자는 자디그의 손에 그 책을 쥐어주었다. 자디그는 여러 언어에 능통한데도 불구하고 그 책의 단 한 글자도 해독할 수가 없었다. 그래서 호기심이 더욱 커졌다.

"당신은 아주 슬퍼 보이는구려." 그 선량한 수도사가 말했다.

"애석하게도 그럴 만한 일이 있습니다!" 자디그가 말했다.



"내가 동행하는 것을 당신이 허락한다면 당신에게 어쩌면 내가 유익할지도 모르겠소. 나는 가끔씩 불행한 자들의 영혼에 위안의 감정을 불러일으키기도 하니 말이오." 노인이 대꾸했다.

자디그는 그 은자의 분위기나 수염, 그리고 책에 대해 존경심이 느껴졌다. 대화 가운데 그에게서 탁월한 식견을 발견하였다. 은자는 운명, 정의, 도덕, 훌륭한 군주, 인간의 약함, 덕목과 악덕 등에 대해 너무나 활력 있고 너무나 감동적인 능변으로 얘기해서 자디그는 물리칠 수 없는 매력에 의해 그에게 끌려가는 것을 느꼈다. 그는 노인에게 바빌론으로 돌아갈 때까지 자기를 떠나지 말아달라고 간곡히 부탁했다.

"나 또한 당신에게 그런 부탁을 하겠소." 노인이 자디그에게 말했다. "내가 무엇을 하건 간에 지금부터 며칠 동안은 나와 결코 헤어지지 않겠다고 아후라마즈다를 두고 맹세하시오."

자디그는 맹세를 했고, 그들은 함께 떠났다.

두 여행자는 그 날 저녁 어느 멋진 성에 도착했다. 은자는 자기와 동행하는 젊은이를 맞아들여 달라고 청했다. 누가 보면 대영주로 여길 만하게 거들먹거리는 문지기가 일종의 경멸이 섞인 선량함을 보이며 그들을 들여보냈다. 그들은 하인들의 우두머리에게 소개되었고, 그 우두머리 하인은 두 사람에게 주인의 화려한 방들을 보여주었다. 두 사람은 식탁에 받아들여졌는데, 성주의 눈길이 황공하게 와 닿지도 못할 맨 끝자리였다. 하지만 그들은 다른 사람들과 마찬가지로 세심하고도 풍성한 대접을 받았다. 그러고 나서 에메랄드와 루비로 장식된 금 대야로 씻게 해주었고, 아름다운 방으로 안내되었다. 다음날 아침에는 하인 하나가 오더니 그들 각자에게 금화 한 닢씩 주고 나서 그들을 쫓아버렸다.

"그 성의 주인은 좀 거만하기는 하지만 후한 사람 같네요." 자디그가 길을 가며 말했다. "귀족답게 대접을 하네요."

자디그는 이 말을 하다가 은자가 지니고 있는 아주 큰 주머니 같은 것이 팽팽하고 불룩해 보이는 것을 발견했다. 그 안에 은자가 훔친 보석 장식의 금대야가 있는 것이 보였다. 자디그는 처음에는 차마 아무 내색도 하지 못했지만 이상히 여기며 놀라워하긴 했다.

정오쯤 은자는 아주 작은 집의 문을 두드렸다. 그 집에는 부유한 수전노가 살고 있었다. 은자는 그 집에서 몇 시간 정도 머물게 해달라고 청했다. 옷을 제대로 갖춰 입지 않은 하인이 무뚝뚝한

말투로 은자를 맞이하더니 은자와 자디그를 마구간으로 들어가게 하고 거기서 그 두 사람에게 썩은 올리브 몇 개와 형편없는 빵과 상한 맥주를 주었다. 은자는 전날과 마찬가지로 만족스런 표정으로 마시고 먹었다. 늙은 하인은 두 여행자가 아무것도 원하지 않는지 알아보기 위해 살펴보더니 빨리 떠나라고 재촉하였다. 그러자 은자는 그 날 아침에 받았던 금화 두 닢을 그 하인에게 주고 나서 정성을 다해 감사의 표시를 했다.

"간청하건대, 당신의 주인에게 내가 말 좀 하게 해주시오."

놀란 하인은 두 여행자를 집안으로 들였다.

"훌륭하신 영주님, 저는 영주님께서 우리를 맞아들이신 고상한 방식으로 아주 미천한 감사를 돌려드릴 수밖에 없습니다. 제 감사의 약한 표시로서 이 금 대야를 받아주시옵소서."

수전노는 고꾸라지기 일보직전이었다. 은자는 그가 충격에서 벗어날 시간을 주지 않은 채 젊은 여행자와 함께 최대한 빨리 떠나버렸다.

"수도사님, 제가 본 그 모든 것이 다 무엇입니까?" 자디그가 은자에게 물었다. "수도사님은 그 무엇에서도 다른 사람들과 비슷한 것 같지 않습니다. 수도사님을 훌륭히 맞아들여준 영주에게서는 보석 장식의 금 대야를 훔치시더니 수도사님을 비열하게 취급한 수전노에게 그 대야를 주시다니 말입니다"

"여보게, 자기 재산에 대해 감탄하게 만들려고 오로지 허영심 때문에 나그네들을 받아들이는 그 후한 영주는 그로 인해 더 현명해질 걸세. 그리고 수전노는 베푸는 법을 배우게 될 걸세. 아무것에도 놀라지 말고 그저 나를 따라오게." 노인이 대답했다.

자디그는 자기가 모든 사람들 중 가장 미친 사람을 상대하고 있는 건지 아니면 가장 지혜로운 사람을 상대하고 있는 건지 아직 알 수가 없었다. 하지만 자디그는 은자가 너무 기세당당하게 말하고 있는데다가 그 자신은 자기가 한 맹세에 묶여 있는 터여서 은자를 따라다니지 않을 수 없었다.

그들은 저녁에 쾌적하면서도 소박하게 지어진 어느 집에 도착했다. 후한 인심도 인색함도 느껴지지 않는 그런 집이었다. 주인은 사교계에서 물러난 철학자였다. 그는 평화롭게 지혜와 덕성을 키우고 있었고 그러면서도 지루해하지 않았다. 그는 그 은둔처를 짓는 일을 마음에 들어 했고, 전혀 뻐기지 않는 고상한 태도로 이방인들을 그곳에 맞아들였다. 그는 두 여행자를 직접 맞아들이러 와서 우선 편안한 방에서 쉬게 해주었다. 얼마 후 그는 정갈하고 잘 갖춰진 식사에 그들을 청하기 위해 직접 데리러 왔고, 식사를 하는 동안에는 바빌론의 최근 혁명들에 대해 조심스럽게 얘기했다. 그는 왕비에게 충심으로 애착을 갖고 있는 듯이 보였고, 자디그가 왕좌를 놓고 싸우기 위해 경기장에 나타나기를 바랐다.

"하지만 사람들은 자디그 같은 왕을 가질 자

격이 없습니다." 그가 덧붙였다.

자디그는 얼굴을 붉혔고 괴로움이 배가되는 것을 느꼈다. 대화 속에서 모두들 세상일들이 가장 지혜로운 자들의 뜻대로 늘 흘러가는 것은 아니라는 점에 동의했다. 우리는 신의 섭리의 길들을 알지 못하며 인간들은 더없이 작은 부분밖에 간파하지 못하면서 전체에 대해 판단하는 잘못을 저지른다고 은자는 한결같이 주장했다.

그들은 열정들에 대해 얘기했다.

"아! 열정은 불행만 초래합니다!" 자디그가 말했다.

"선박의 돛들을 부풀리는 것은 바람이지요." 은자가 대꾸했다. "바람은 때때로 배를 물에 빠뜨리기도 하지만 바람 없이는 배가 항해할 수 없을 겁니다. 담즙은 화를 돋우고 병에 걸리게 만들지요. 하지만 담즙이 없다면 인간은 살아갈 수가 없을 겁니다. 이 세상에서는 모든 것이 위험하고, 동시에 모든 것이 필요합니다."

쾌락에 대해서도 얘기했다. 은자는 쾌락이란 신의 선물임을 증명했다.

"왜냐하면 인간은 스스로는 자신에게 감각도 생각도 주지 못하기 때문입니다. 그는 모든 것을 받아들입니다. 괴로움과 쾌락은 그의 존재와 마찬가지로 다른 데서 그에게 오는 것들입니다."

자디그는 그토록 엉뚱한 짓들을 했던 사람이 어떻게 그토록 잘 추론할 수 있는지 감탄했다. 마침내, 교훈적이면서도 기분 좋은 대화를 하고 난 후 집 주인은 두 여행자를 그들의 방으로 다시 데려다주면서 그토록 지혜롭고 그토록 덕성스러운 두 사람을 자기에게 보내준 하늘을 축복했다. 그는 마음에 들지 않을 수 없는 넉넉하면서도 고상한 태도로 그들에게 돈을 주려 했다. 은자는 그 선물을 거절하고 나서 자기는 해 뜨기 전에 바빌론으로 갈 생각이므로 지금 작별인사를 하겠다고 말했다. 그들의 이별은 다정했고, 자디그는 그토록 상냥한 사람에 대해 존경심과 호감이 가득 차오름을 느꼈다.

은자와 자디그는 방으로 들어가자 오래도록 그 집 주인을 칭찬했다. 새벽이 되자 노인은 길동무를 깨웠다.

"떠나야 하오." 은자가 말했다. "하지만 모두들 아직 자고 있으니 그 사람에게 나의 존경과 애정의 표시를 남기고 싶소."

그렇게 말하고 나서 은자는 횃불을 들더니 그 집에 불을 질렀다. 자디그는 대경실색하여 소리를 질러댔고 그런 끔찍한 짓을 하지 못하도록 은자를 막으려 했다. 은자는 더 센 힘에 끌려갔고, 집은 불타올랐다. 은자는 길동무와 함께 꽤 멀리 가 있게 되자 그들이 묵었던 집이 타고 있는 것을 평온히 바라보았다.

"다행이다!" 은자는 말했다. "그 친애하는 주인의 집이 꼭대기서부터 바닥까지 죄다 타버렸구나! 행복한 사람 같으니라고!"

이 말에 자디그는 웃음을 터뜨리고 싶은 동시에 그 존귀하신 수도사에게 욕설을 퍼붓고 패준 뒤 도망쳐버리고 싶기도 했다. 하지만 그는 그 어느 것도 하지 않고, 여전히 그 은자의 기세에 눌려 있었으며 마지막 숙박 장소까지 어쩔 수 없이 따라갔다.

그들이 마지막으로 숙박하게 된 곳은 인정 많고 덕성스러운 어느 과부의 집이었는데, 그 과부에게는 매력덩어리인 데다가 그녀의 유일한 희망인 열네 살짜리 조카가 있었다. 그녀는 정성을 다해 환대해주었다. 다음날 그녀는 자기 조카에게 그 여행자들을 다리까지 모셔다드리라고 지시했다. 그 다리는 바로 얼마 전 끊어져서 위험한 통로가 되어 있었다. 그 청소년은 서두르면서 여행자들보다 앞서서 걸어갔다. 그들이 다리에 도착하자 은자가 과부의 조카에게 말했다.

"이리 오게. 내가 자네의 숙모에게 감사의 표시를 해야 하니까."

그러면서 은자는 그 청소년의 머리카락을 붙잡더니 그를 강에 내던져 버렸다. 그 아이는 물에 빠졌다가 한 순간 물 위로 다시 나타나더니 급류에 휩쓸려버렸다.

"오, 괴물 같으니라고! 오, 모든 인간들 중에서 가장 악당인 인간!" 자디그는 소리쳤다.

그러자 은자가 그의 말을 막으며 얘기했다.

"자네는 더욱 인내심을 갖겠다고 내게 약속했었네. 신의 섭리 때문에 불을 지르게 된 그 집의 폐허 아래서 집주인은 어마어마한 보물을 발견했다는 것을 알아두게. 그리고 신의 섭리가 목을 조른 그 청소년이 1년 후 그의 숙모를 살해할 뻔했다는 것도 알아두게. 그리고 자네는 그 두…"

"누가 너에게 그런 얘기를 했느냐, 이 야만인아?" 자디그는 소리쳤다. "그리고 네가 네 운명의 책에서 그 사건을 읽었을 때 너에게 아무 잘못도 하지 않은 아이를 익사시키라고 그 책이 허락했단 말이냐?"

바빌론 사람 자디그는 그렇게 말하는 동안 노인에게 더 이상 수염이 없고 그의 얼굴이 젊은이의 윤곽을 띠는 것을 알아차렸다. 은자 차림의 의복도

사라졌다. 네 개의 아름다운 날개가 위엄 있는 몸을 덮고 있었고 빛으로 번쩍였다.

"오, 하늘에서 보내신, 오, 신의 천사여!" 자디그가 엎드려 절하며 소리쳤다. "당신은 그러니까 허약한 한 인간에게 영원의 질서에 복종하는 법을 가르쳐주기 위해 최고천에서 내려오신 건가요?"

"인간들은 아무것도 모르면서 모든 것에 대해 판단한다." 예스라드 천사가 말했다. "너는 모든 인간들 중에서 가장 계몽될 자격이 있는 자였다."

자디그는 그에게 말을 하게 해달라고 청했다. 

"저는 저 자신을 불신합니다." 자디그가 말했다. "하지만 하나의 의혹을 제게 밝혀주십사 감히 청해도 될까요? 그 아이를 익사시키기보다는 고쳐주어 덕성스럽게 만드는 것이 더 낫지 않았을까요?"

그러자 예스라드가 대답했다.

"만약 그 아이가 덕성스러웠다면, 그리고 그 아이가 계속 살았다면, 그의 운명은 자기가 결혼해야만 하는 여인과 또 그 여인에게서 태어날 아들과 함께 살해당할 운명이었다."

"아니, 뭐라고요!" 자디그가 말했다. "그러니까 죄와 불행이 존재하는 것은 필연적이란 말인가요? 그리고 불행들은 착한 사람들에게 떨어지고!"

"못된 자들은 언제나 불행하다." 예스라드가 대답했다. "그들은 세상에 퍼져 있는 소수의 정의로운 자들을 시험하는 데 이용되며, 선(善)을 생겨나게 하는 악이란 전혀 없다."



"그런데 오로지 선밖에 없다면 악은 전혀 없게 될까요?" 자디그가 물었다.

"그러면 이 땅은 다른 땅이 될 거다." 예스라드가 대답했다. "사건들의 연쇄작용은 다른 질서의 지혜일 것이다. 완벽한 것일 그 다른 질서는 지고의 존재의 영원한 거처에서만 있을 수 있고, 악은 그 지고의 존재에 다가갈 수 없다. 그 지고의 존재가 수백만 세계들을 창조해냈는데, 그 어느 세계도 다른 세계와 비슷할 수가 없다. 그 어마어마한

다양성은 그의 어마어마한 힘의 속성이다. 이 땅에 똑같은 두 개의 나뭇잎들도 없고, 하늘의 무한한 벌판에 똑같은 두 개의 구체들도 없다. 네가 태어난 작은 원자에서 네가 보는 모든 것은 모두를 아우르는 자의 불변의 질서들에 따라 각자 제자리에 정해진 시간에 있어야 한다. 인간들은 막 죽은 그 아이가 우연히 물에 빠진 것이며 같은 우연에 의해 그 집도 타버린 것이라고 생각하겠지만 우연이란 전혀 없다. 모든 것이 시련이거나 처벌이거나 보상이거나 미리 예견된 것이다. 자기가 세상에서 가장 불행하다고 믿던 그 낚시꾼을 떠올려봐라. 아후라마즈다가 그의 운명을 바꿔주려고 너를 보낸 것이다. 허약한 인간 같으니라고! 숭배해야 할 대상을 상대로 다투는 일은 그만두어라."

"하지만..." 자디그가 말하려 했다.

그가 '하지만'이라고 말하고 있는데 천사는 이미 열 번째 천계를 향해 날아올라갔다. 자디그는 무릎을 꿇고서 신의 섭리를 경배하고 따랐다. 천사는 저 높은 공중에서 그에게 소리쳤다.

"바빌론을 향해 길을 떠나라."

## 19장

# 수수께끼



바로 곁에 벼락이 떨어진 사람처럼 넋이 나간 자디그는 무턱대고 걸었다. 원형경기장에서 싸움에 참여했던 사람들이 수수께끼들을 설명하고 대신관의 질문들에 답변하기 위해 왕궁의 큰 집회장에 이미 모여 있던 날, 자디그는 바빌론에 입성했다. 모든 기사들이 도착해 있었다. 초록색 갑옷만 빼고… 자디그가 그 도시에 나타나자 사람들이 그의 주위로 몰려들었다. 눈들은 그를 보는 것에 전혀 물리지 않았고, 입들은 끊임없이 그를 축복했으며, 마음들은 그가 제국을 통치하기를 한없이 기원했다. 그가 지나가는 것을 샘바리가 보고 두려워 떨면서 얼굴을 돌리며 멀어져갔다. 사람들은 그를 집회장까지 데려갔다. 그가 왔다는 소식을 전해들은 왕비는 두려움과 희망으로 흥분에 사로잡혀 있었다. 염려가 그녀를 괴롭히고 있었다. 그녀는 자디그가 왜 무기도 없이 있는 건지, 어떻게 이토바드가 흰색 갑옷을 입었는지 이해할 수가 없었다. 자디그가 보이자 혼란스런 웅성거림이 일었다. 사람들은 그를 다시 보게 되자 놀라기도 하고 좋아하기도 했다. 하지만 집회에는 경기에 참여했던 기사들만 등장이 허용되었다.

"나도 다른 기사들처럼 싸웠습니다." 자디그가 말했다. "그런데 여기 있는 다른 누군가가 내 무기를 갖고 있습니다. 제가 그것을 증명하는 영광을 누리게 되기 전에 수수께끼들을 설명하는 시합에 출전하도록 허락해주시옵소서."

사람들은 투표하러 갔다. 자디그가 성실하다

는 평판은 사람들의 정신 속에 너무도 강하게 각인되어서 사람들은 주저하지 않고 그를 받아들였다.

대신관은 우선 문제를 내놓았다.

"세상의 모든 것들 중에서 가장 길면서도 가장 짧고, 가장 빠르면서도 가장 느리고, 가장 분할될 수 있으면서도 가장 폭넓고, 가장 소홀히 다뤄지면서도 가장 아쉬워하게 되고, 그것이 없으면 아무것도 행해지지 못하고, 모든 작은 것들을 삼켜버리고 모든 큰 것들에 활력을 주는 것은 무엇일까?"

이토바드가 말을 할 차례였다. 그는 자기 같은 인간은 수수께끼에 대해서는 아무것도 이해하지 못하며 창으로 큰 타격을 주어서 이기는 것으로 충분하다고 대답했다. 어떤 사람들은 수수께끼의 답이 '운수'라고 말했고, 어떤 사람들은 '땅', 또 어떤 사람들은 '빛'이라고 대답했다. 자디그는 '시간'이라고 말했다.

"그 어느 것도 시간보다 더 길지 않습니다." 그는 덧붙였다. "왜냐하면 시간은 영원성의 척도이니까요. 그 어느 것도 더 짧지 않습니다. 시간은 모든 계획에서 늘 부족하니까요. 기다리고 있는 사람에게는 시간보다 느린 것은 없고, 즐기고 있는 사람에게는 시간보다 빠른 것이 없습니다. 시간은 무한대까지 확장되고, 무한소(無限小)까지 나눠집니다. 모든 인간들이 시간을 소홀히 하고, 모두가 시간의 손실을 아쉬워합니다. 시간이 없으면 아무것도 행해지지 않고, 시간은 후세에까지 전해질 가치가 없는 것들은 모두 잊게 만들고, 위대한 것들은 불멸하게 합니다."



총회는 자디그가 옳다고 인정했다.

이어서 다음과 같은 질문이 던져졌다.

"고마워하지 않으면서 받고, 어떻게 향유해야 하는지 모르는 채 그것을 즐기고, 분별력을 잃을 때는 남에게 주어버리고, 알아채지 못하는 새에 잃어버리게 되는 것은 무엇일까?"

각자 자신이 생각하는 답을 말했다. 자디그만 그 답이 '삶'이라고 짐작했다. 그는 다른 수수께끼들도 모두 다 마찬가지로 수월하게 설명했다. 이토바드는 그것보다 더 쉬운 것은 없으며 자기도 꼭 마찬가지로 쉽게 풀었을 것이라고 언제나 말했다. 정의, 훌륭한 군주, 통치 기술 등에 대한 질문들이 제시되었다. 그리고 자디그의 대답들이 가장 타당하다고 평가되었다. 사람들은 말했다.

"저토록 훌륭한 지성이 그토록 형편없는 기사라니 참으로 애석한 일이네."

"고명하신 영주님들이시여, 저는 경기장에서 승리하는 영광을 가졌었습니다." 자디그가 말했다. "흰색 갑옷은 바로 저의 것입니다. 그런데 제가 잠든 사이에 이토바드 영주가 그것을 탈취해갔습니다. 그 갑옷이 초록색 갑옷보다 자기한테 더 어울린다고 판단한 것 같습니다. 저는 우선 여러분들 앞에서 제 검과 이 옷차림으로 그가 제게서 가져간 그 아름다운 흰색 갑옷에 맞서서, 그 용감한 오타므를 무찌르는 영광을 누렸던 사람은 바로 저라는 것을 증명해 보일 준비가 되어 있습니다."

이토바드는 굉장히 자신 있게 그 도전을 받아들였다. 그는 자기가 투구도 쓰고 갑옷도 입고 팔받이도 하였으므로 밤에 쓰는 모자에다 실내복 차림을 한 챔피언을 쉽게 해치울 수 있을 거라고 믿어 의심치 않았다. 자디그는 기쁨과 두려움에 사로잡혀 바라보고 있는 왕비에게 인사를 하면서 칼을 뽑았다. 이토바드는 아무에게도 인사하지 않으면서 칼을 뽑았다. 그는 아무것도 두려워할 게 없는 사람처럼 자디그에게 다가갔다. 그는 자디그의 머리를 갈라놓을 참이었다. 자디그는 칼의 기부(基部)[39]라고 불리는 부위로 상대편의 약한 부위에 맞서게 하여 이토바드의 검을 부러뜨리면서 공격을 막을 줄 알았다. 그러고 나서 자디그는 적의 몸을 붙잡아 땅바닥에 엎어뜨렸다. 그리고 칼끝으로 흉갑의 오목한 부분에 갖다 대며 말했다.

"당신을 무장 해제시키게 해주시오. 그렇지 않으면 당신을 죽일 테니."

이토바드는 자기 같은 사람에게 일어난 그 불

행에 대해 여전히 놀라워하면서 자디그가 하는 대로 가만히 있었다. 자디그는 평화롭게 이토바드한테서 그의 멋진 투구, 화려한 갑옷, 아름다운 팔받이, 번쩍거리는 넓적다리 가리개들을 벗겨내고서 자기가 그것들을 입었다. 그리고 그 차림으로 아스타르테의 무릎으로 몸을 내던졌다. 카도르는 그 갑옷이 자디그의 것임을 쉽게 증명했다. 자디그는 만장일치로, 무엇보다 아스타르테의 동의하에 왕으로 인정받았다. 아스타르테는 숱한 역경 후에 누가 보기에도 그녀의 남편으로 어울리는 연인을 보게 되는 감미로움을 맛보았다. 이토바드는 '영주님'이라는 호칭이나 들으러 자기 집으로 돌아갔다. 자디그는 왕이 되었고, 행복했다. 그는 예스라드 천사가 그에게 말했던 것을 마음속에 간직하고 있었다. 다이아몬드가 된 모래알갱이를 떠올리기까지 했다. 왕비와 그는 신의 섭리를 숭배했다. 자디그는 변덕스런 미녀 밋수프가 세상을 떠다니도록 내버려두었다. 그는 강도 아르보가드를 찾아오게 하여 군대의 명예로운 직위를 주었다. 아울러 자디그는 아르보가드가 진정한 군인으로 처신하면 최고위직까지 앞당겨 승진시켜주고, 강도짓을 하면 교수형에 처할 거라고 약속했다.

아라비아 깊숙한 곳에 있는 세톡도 아름다운 알모나와 함께 불러서 바빌론 상업계의 우두머리 자리에 올려놓았다. 카도르는 그가 한 일들에 따라 자리가 마련되고 귀히 여겨졌다. 그는 왕의 친구였고, 왕은 지구상에서 친구를 가진 유일한 군주였다. 자디그는 어린 벙어리 또한 잊지 않았고, 낚시꾼에게는 아름다운 집을 주었다. 오르칸은 그 낚시꾼에게 막대한 금액을 지불하고 그의 아내를 돌려주라는 처벌을 받았다. 그러나 지혜로워진 낚시꾼은 그저 돈만 받았다.

아름다운 세미르는 자디그가 애꾸눈일 거라고 믿었던 것에 대해 마음을 달래지 못했고, 아조라는 그의 코를 베려 했던 것에 대해 끊임없이 슬퍼했다. 자디그는 그들의 괴로움을 선물로 누그러뜨렸다. 샘바리는 광분하고 수치스러워하다가 죽어버리고 말았다. 제국은 평화, 영광, 풍요를 즐겼다. 이 땅에서 가장 아름다운 시절이었다. 그 땅은 정의와 사랑으로 통치되었다. 사람들은 자디그를 축복했고, 자디그는 하늘을 축복했다.

'부록'에 실린 두 편의 글은 Kehl 판본에 실린 것으로서, 볼테르가 작품을 끝내고 난 후 나중에 덧붙인 부분으로서 전체의 흐름과 좀 맞지 않아 맨 뒤에 따로 부록으로 처리되는 경우가 흔하다.

# 부록

## 춤



세톡은 자신의 교역 업무를 위해 세렌디브 섬으로 가야 했다. 하지만 소위 '밀월'이라고 하는 결혼 첫 달이어서 아내를 떠나지도 못했고, 자기가 그녀를 떠날 수 있을 거라고 생각지도 못했다. 그는 친구인 자디그에게 자기 대신 여행을 가 달라고 부탁했다.

"아! 내가 아름다운 아스타르테와 나 사이에

더욱 광대한 공간을 두어야 한단 말입니까?" 자디그가 말했다. "하지만 나의 은인들에게 도움을 주어야 하겠지요."

자디그는 말하고 나서 울었고, 그런 다음 출발했다.

자디그는 세렌디브 섬에서 오래지 않아 특별한 사람으로 여겨졌다. 그는 교역상들 사이에서 모든 분쟁의 중재자, 지혜로운 자들의 친구, 충고를 구하는 소수 사람들의 조언자가 되었다. 왕은 그를 보고 싶어 했고, 얘기도 듣고 싶어 했다. 곧이어 왕은 자디그가 갖고 있는 모든 가치를 알게 되었다. 왕은 자디그의 지혜에 대해 신뢰를 갖게 되어 그를 친구로 삼았다. 왕의 친근함과 존중은 자디그를 두려워하게 만들었다. 모압다르의 호의 때문에 생겨났던 불행들을 밤낮으로 생각하고 있었기 때문이다.

"왕이 나를 마음에 들어 하니 내가 몰락하게 되지 않을까?" 그는 생각했다.

그런데도 그는 폐하의 호의를 회피할 수가 없

었다. 왜냐하면 산부스나의 아들인 나밧순의 아들인 눗사나브의 아들인 나붓산, 즉 세렌디브의 왕은 아시아에서 가장 훌륭한 군주들 중의 하나였기 때문이다. 그 왕과 얘기를 하면 그를 사랑하지 않을 수 없었다.

그 훌륭한 군주는 늘 칭송되면서 속임을 당하고 도난을 당하였다. 서로들 앞 다투어 그의 보물들을 약탈하려 들었다. 세렌디브의 징세관장은 언제나 그 모범을 제공했고, 다른 사람들은 그의 사례를 충실히 따랐다. 왕도 그 사실을 알고 있었다. 그래서 왕실의 보고(寶庫) 담당자를 여러 차례 바꾸었지만 왕의 수입을 불균등하게 둘로 나누는 정착된 관행을 바꾸지는 못했다. 적은 쪽은 언제나 폐하에게 돌아갔고, 큰 쪽은 행정관들에게 돌아갔다.

나붓산 왕은 그의 괴로움을 지혜로운 자디그에게 털어놓았다.

“아름다운 일들을 그토록 많이 알고 있는 당신이 내 재산을 조금도 훔치지 않는 보고 담당자를 찾을 방법을 혹시 알고 있지 않을까?" 왕이 자디그에게 말했다.

"물론이죠." 자디그가 대답했다. "깨끗한 손을 가진 사람을 폐하께 찾아드릴 확실한 방법을 알고 있습니다."

그 대답에 매혹된 왕은 자디그를 껴안으면서 어떻게 해야 하는지 물었다.

"보고 담당관 직위를 얻기 위해 출두하는 자들 모두에게 춤을 추게 만들기만 하면 됩니다." 자디그가 말했다. "가장 가볍게 춤추는 자가 가장 정직한 사람일 게 확실합니다."

"나를 조롱하는 거요?" 왕이 말했다. "나의 징수담당관을 선택하는 방법치고는 참으로 우스운 방법이구려! 뭐라고! 깡충깡충 뛰는 것을 가장 잘 하는 자가 가장 청렴하고 가장 능숙한 재정관이 될 거라고 주장하다니!"

"그런 자가 가장 능숙한 자일 거라고 대답하는 것은 아닙니다." 자디그가 대꾸했다. "하지만 의

심할 바 없이 가장 정직한 사람일 거라는 것은 장담합니다."

자디그가 너무나 확신을 갖고 말하여 왕은 그가 재정관들을 알아보는 초자연적인 어떤 비결을 갖고 있는 거라고 믿었다.

"저는 초자연적인 것은 좋아하지 않습니다." 자디그가 말했다. "경이적인 사람들이나 책들은 언제나 제 마음에 들지 않았습니다. 폐하께서 제가 제안하는 시험을 하도록 놔두신다면 제 비결은 가장 단순하고 가장 쉬운 것임을 납득하시게 될 겁니다."

세렌디브의 왕인 나붓산은 그 비결이 단순하다는 얘기를 듣고는 몹시 놀랐다. 기적을 일으키겠다고 제안했어도 그만큼 놀라지는 않았을 것이다.

"그렇다면 자네가 원하는 대로 해보게나." 왕이 말했다.

"제게 맡겨주십시오." 자디그가 말했다. "폐하는 그 시험에서 폐하께서 생각하시는 것보다 더 많은 것을 얻게 되실 겁니다."

바로 그 날, 자디그는 왕의 이름으로 눗사나브의 아들인 나붓산 전하의 징세관장 직위를 희망하는 사람들은 모두 가벼운 비단옷을 입고 악어 달의 첫날에 왕의 부속실로 출두하라고 공포하게 했다. 64명의 지원자들이 그곳으로 모였다. 바로 옆에 있는 살롱에는 바이올린 연주자들을 오게 했다. 무도회를 위한 만반의 준비가 갖춰졌다. 그런데 그 살롱의 문이 닫혀 있었다. 그래서 그곳으로 들어가려면 꽤 어두컴컴한 좁은 회랑을 통과해야 했다. 경비원 한 명이 지원자를 한 명씩 찾으러 와서 그 통로를 통해 들여보냈다. 그 통로 안에서 지원자 각자 몇 분씩 혼자 있도록 놔두었다. 왕은 약정한 대로 자신의 모든 보물들을 그 회랑에 늘어놓았다. 모든 지원자들이 살롱에 도착했을 때 전하가 그들에게 춤을 추라고 지시했다. 사람들이 그토록 둔하게 그토록 멋없게 춤을 춘 적이 없을 것이다. 그들은 모두 머리를 숙이고 허리는 굽힌 채 두 손은 옆구리에 붙이고 있었다.

"이런 사기꾼들!" 자디그는 아주 낮은 소리로 말했다.

그들 중 단 한 명만 민첩하게 머리를 높이 쳐들고 안정된 시선으로 팔을 쭉 뻗으며 몸을 곧게 세우고 의연하게 발걸음을 내딛고 있었다.

"아! 정직한 사람! 선량한 사람!" 자디그는 말했다.

왕은 춤추고 있던 그 선량한 사람을 포옹하고 나서 그를 징세관장으로 선포하였다. 나머지 다른 지원자들은 모두 처벌을 받고 세상에서 가장 공정하게 과세를 받았다. 왜냐하면 그들은 각자 회랑에 있던 시간에 자기네 호주머니를 가득 채워서 걷기조차 힘들었기 때문이다. 왕은 그 64명의 지원자들 중 63명의 사기꾼이 있는 것을 보고 인간의 본성에 대해 유감스럽게 생각했다. 어두컴컴한 회랑은 '유혹의 복도'라고 불리었다. 페르시아에서라면 그 63명의 나리들을 꼬챙이에 꿰었을 것이며, 다른 나라들에서라면 도난당한 돈의 세 배나 비용을 들여서 왕의 금고로는 한 푼도 돌아가지 못하게 할 재판정을 만들었을 것이며, 또 다른 왕국에서라면 그 63명이 완전히 정당화되고 그토록 경쾌하게 추던 한 명은 파면시켰을 것이다. 세렌디브에서는 63명의 사기꾼들이 공공 재산을 증대시키기 위해서만 처벌되었다. 나붓산은 매우 관대했기 때문이다.

그는 아주 고마워할 줄 아는 사람이었다. 그때까지 주인인 왕에게서 그 어떤 징세관이 훔쳤던 액수보다 훨씬 더 많은 액수의 돈을 자디그에게 주었다. 자디그는 그 돈을 바빌론에 파발꾼들을 급파하는 데 사용했다. 그들은 아스타르테가 어찌 되었는지 자디그에게 알려주어야 했다. 이 지시를 내리면서 그의 목소리는 떨렸고, 그의 피는 심장 쪽으로 역류했으며, 그의 눈은 암흑으로 덮였고, 그의 영혼은 자신을 놔버릴 참이었다. 파발꾼은 출발했다. 자디그는 그가 배에 오르는 것을 보았다. 그리고 왕궁으로 돌아갔다. 아무도 보이지 않자 그는 자기 방에 있는 줄로만 생각하고 '사랑'이라는 단어를 내뱉었다.

"아, 사랑이라!" 왕이 말했다. "바로 그게 문제로군. 당신은 나를 괴롭히는 것이 뭔지 알아냈소. 당신은 정말 대단한 사람이오! 나는 당신이 사리사욕이 없는 징세관장을 찾게 해준 것처럼 불굴의 여인을 알게 되는 법을 가르쳐주기 바라오."

자디그는 정신을 차리고서 재정에 관해서 했듯이 사랑에 관해서도 왕에게 충성을 다하겠다고 약속했다. 설사 그것이 훨씬 더 어려워 보인다 할지라도.

# 파란 눈

“몸과 마음은…” 왕이 자디그에게 말했다.

이 말에 바빌론 사람 자디그는 폐하의 말을 중지시키지 않을 수 없었다.

“정신과 마음을 얘기하시지 않으셔서 너무나 감사드립니다!” 자디그가 말했다. “왜냐하면 바빌론의 대화들 속에서 오로지 이 말들만 듣게 되니까요. 오로지 마음과 정신에 관한 책들밖에 볼 수가 없습니다.[40] 그런데 마음도 없고 정신도 없는 사람들에 의해 씌어진 것들이지요. 전하, 부디 말씀을 계속하시지요.”

그러자 나붓산은 다음과 같이 계속했다.

“나의 경우 몸과 마음은 사랑하기 위해 있는 것이오. 그 두 동력 중 몸은 만족되어야 할 이유가 확실히 있소. 내게는 여기 나를 섬기는 백 명이 여인들이 있소. 모두 다 아름답고 상냥하고 세심하며 관능적이기까지 한, 혹은 나랑 있을 때 그런 척

하는 여인들이오. 그러나 내 마음은 별로 행복하지 않소. 그들이 나붓산이라는 인간 자체에는 전혀 신경 쓰지 않고 세렌디브의 왕에게 많이 아첨하는 것만 너무 겪었소. 내 여인들이 내게 충실하지 않다고 생각하는 것은 아니오. 그러나 진정으로 내게 속한 영혼을 하나 얻고 싶소. 그런 보물을 얻기 위해서라면 내가 소유하고 있는 매력적인 그 백 명의 미녀들을 다 줄 것이오. 그 백 명의 왕비들 중에서 나를 진정으로 사랑하는 여인을 하나 찾아낼 수 있는지 알아보시오."

자디그는 징세관장에 관한 사안에서 자기가 어떻게 했는지 왕에게 대답했다.

"전하, 제게 맡겨주십시오. 그러나 우선 제가 '유혹의 회랑'에다 전하께서 뿌려놓았던 것을 제가 사용할 수 있게 허락해주시옵소서. 공정하게 돌려드릴 터이고 전하께서는 잃는 것이 전혀 없으실 겁니다."

왕은 그에게 전권을 일임했다. 그는 세렌디브

에서 가능한 한 가장 추하게 생긴 작은 꼽추 33명과 가장 잘생긴 시동 33명, 가장 능변이면서 가장 튼튼한 승려 33명을 골랐다. 그는 그들 모두에게 왕비들의 거처에 마음대로 들어가게 놔두었다. 꼽추들 각자에게는 쓸 돈 4천 금화를 주었다. 그래서 꼽추들은 모두 첫 날부터 행복해졌다. 줄 거라고는 자기 자신밖에 없던 시동들은 이삼일 지나서야 성공을 거두었다. 승려들은 좀 더 힘들었지만 결국 독실한 왕비 33명이 그들에게 굴복하고야 말았다. 왕은 모든 방들 쪽으로 난 미늘덧문들을 통해 그 모든 시험들을 보고 기막혀 했다. 그의 여인들 백 명 중에서 99명이 그가 보는 가운데 그들에게 굴복했다. 이제 가장 최근에 들어온 아주 젊은 여인 하나만 남았다. 그 여인에게는 왕이 한 번도 가까이 간 적이 없었다. 그녀에게 꼽추 한 명, 두 명, 세 명을 보내어 금화 2만 개까지 제안해보았다. 그녀는 매수되지 않았고, 그 꼽추들이 돈 때문에 자기들이 더 멋져 보일 거라고 믿었다는 점에 대해 웃음을 터뜨리지 않을 수 없었다. 그녀에게 가장 잘 생긴 시동 두 명을 소개해보았다. 그녀는 '왕이 그들보다 훨씬 더 잘생겼다고 생각한다'고 말했다. 그녀에게 가장 말 잘하는 승려를 보내보기도 하고, 가장 대담한 승려를 보내보기도 했다. 그녀는 첫 번째는 수다쟁이라고 생각했고, 두 번째 승려의 장점에 대해서는 추측조차 해주지도 않았다.

"마음이 모든 것을 다 하지요." 그녀가 말했다. "저는 꼽추의 금화에도, 청년의 매력에도, 승려의 유혹에도 결코 넘어가지 않을 것입니다. 저는 오로지 눗사나브의 아들 나붓산 왕만 사랑할 겁니다. 그가 나를 사랑해주시기를 기다릴 거예요."

왕은 기쁨과 놀라움과 애정으로 흥분했다. 왕은 꼽추가 성공하도록 해줬던 돈 전부를 회수하여 아름다운 팔리드에게 선물했다. 팔리드는 그 젊은 여인의 이름이었다. 왕은 그녀에게 자신의 마음을 주었고, 그녀는 그 마음을 받을 자격이 응당 있었다. 젊음의 꽃이 그렇게 반짝인 적이 없으며, 아름다움의 매력이 그렇게 황홀케 한 적이 없었다. 역사의 진실은 그녀가 절을 잘 못한다는 것을 말하지 못하게 허용치 않는다. 하지만 그녀는 춤을 요정처럼 추었고, 세이렌처럼 노래했고, 미의 세 여신들처럼 말을 했다. 그녀에게는 재능과 덕이 잔뜩 있었다.

그녀의 사랑을 받는 나붓산은 그녀를 열렬히 사랑했다. 그런데 그녀의 눈은 파란색이었고, 그것은 가장 큰 불행의 원천이었다. 그래서 그리스 사람들이 그 이후로 '부피'[41]라 불렀던 그런 여인들을 사랑하는 것을 금지하던 옛 법이 있었다. 승려들 중 우두머리가 5천 년도 더 이전에 그 법을 제정했었다. 그 우두머리 승려가 파란 눈에 대한 파문을 기본법에서 통과시키게 한 이유는 세렌디브 섬의 초대 왕의 애인을 빼앗아 자기 애인으로 삼기 위해서였다. 제국의 모든 계급들이 나붓산에게 질책하러 왔다. 왕국의 종말이 다가왔다는 둥, 신에 대한 모독이 극에 달했다는 둥, 불길한 사건 때문에 자연 전체가 위협받았다는 둥, 한 마디로 하자면 늦사나브의 아들 나붓산이 두 개의 커다란 파란 눈을 좋아한다고 공공연히 말들 했다. 꼽추들, 징세관들, 승려들, 갈색 눈의 여자들이 왕국을 탄식으로 가득 채웠다.

세렌디브의 북쪽에 사는 미개민족들은 그렇게 만연된 불만족을 이용했다. 그들은 선량한 나붓산이 통치하는 국가들에 난입하였다. 나붓산은 신하들에게 후원금을 요청했다. 국가 수입의 절반을 소유하고 있는 승려들은 하늘을 향해 두 손을 들어올리기만 하고 왕을 돕기 위해 자신들의 금고에 손을 넣는 것은 거절했다. 그들은 음악으로 된 아름다운 기도들만 하고 국가는 야만인들에게 시달리도록 내버려두었다.

"오, 친애하는 자디그, 자네가 나를 이 끔찍한 당혹스러움으로부터 끌어내주겠는가?" 나붓산이 고통스럽게 소리쳤다.

"기꺼이 그러겠습니다." 자디그가 대답했다.

"승려들의 돈을 전하께서 원하시는 만큼 갖게 되실 겁니다. 승려들의 성들이 위치한 땅들을 방치해두시고, 전하의 땅들만 방어하십시오."

나붓산은 그렇게 했다. 그러자 승려들이 찾아와서 왕의 발아래 몸을 던지며 구해달라고 애원했다. 왕은 그들에게 그들의 땅을 보존하기 위해 하늘을 향해 간청하는 기도문들로 된 아름다운 음악으로 대답했다. 승려들은 마침내 왕에게 돈을 주었고, 왕은 다행스레 전쟁을 끝냈다. 그렇게 해서 자디그는 지혜롭고 탁월한 충고와 가장 큰 섬김을 통해 국가에서 가장 막강한 사람들의 해소할 길 없는 반감을 끌어들였다. 승려들과 갈색 눈의 여자들은 그를 파멸시키겠다고 맹세했고, 징세관들과 꼽추들도 그를 봐주지 않았다. 그들은 자디그를 선한 나붓산이 보기에 수상쩍은 자로 만들어버렸다. 조로아스터의 격언에 따르면 '도와준 일에 대한 얘기는 보통 부속실에 머물러 있고, 의혹은 집무실로 들어간다.' 매일 매일 새로운 고발이 이어졌다. 첫 번째 고발은 물리쳐지고, 두 번째 고발은 살짝 건드리며, 세 번째 고발은 상처를 주고, 네 번째 고발은 죽게 만든다.

겁을 먹은 자디그는 친구 세톡의 일을 잘 해결하여 그의 돈을 얻게 해주었으므로 이제는 그 섬에서 떠나 아스타르테의 소식을 직접 알아보러 가기로 결심했다.

"내가 세렌디브에 남아 있으면 승려들이 나를 꼬챙이에 박히게 할 테니까. 그런데 어디로 가야 하나? 이집트에 가면 노예가 될 테고, 아마도 아라비아에서는 불에 태워질 테고, 바빌론에서는 목이 졸리게 될 텐데. 그래도 아스타르테가 어찌 됐는지 알아야 한다. 떠나자. 그래서 내 서글픈 운명이 내게 무엇을 예비해두었는지 보기로 하자."

되찾은 자디그 이야기의 수기 원고는 여기서 끝납니다. 위의 두 장(章)은 제12장, 그러니까 자디그가 시리아에 도착하기 전에 자리해야만 하는 게 분명합니다. 자디그가 다른 사건들도 겪었고, 그가 그 사건들을 충실히 적어놓았다는 것을 우리는 알고 있습니다. 그 이야기들이 동양 언어 통역사들의 손에 닿게 된다면 그것들을 넘겨주기를 부탁드립니다.

# 주해

1. 볼테르의 다른 철학콩트들과 마찬가지로 이 작품이 발표되거나 출간될 때 볼테르는 익명으로 했으며, 이 작품은 유명한 페르시아 시인인 '사디'의 작품인 양 소개되었지만, 물론 그 어느 독자도 이를 믿지는 않았다. 사디의 작품들은 프랑스에 1634년부터 프랑스어로 번역되었다. 한편 이 시인은 텍스트에서 말하는 것처럼 15세기에 살지 않았고, 사실상 11세기에 살았었다.
2. '헤지라': 마호메트가 메카에서 메디나로 도망한 622년부터 시작. 이 날짜는 1459년에 해당한다.
3. 보통은 '아침부터 저녁까지'라고 하는 것을 재미있게 하려는 의도로 뒤집은 것이다.
4. '통치자', '권위'를 뜻하는 아랍어로서, 군주나 왕 등의 정치적 지배자를 가리킨다.
5. 15세기의 계몽된 전제군주.
6. 알렉산더 대왕(알렉산드로스)의 터키 식 이름.
7. 아마조네스의 여왕. 마케도니아의 그 유명한 정복자 왕 알렉산더에게 아들을 낳아주겠다는 제안을 한 여인으로 통한다.
8. 조로아스터(자라투스트라)는 페르시아의 신화적 예언자이

자 사상적 스승. 그런데 사실 조로아스터는 "네가 빵을 먹을 때는 세 입 만큼의 빵을 개들을 위해 따로 놔두어라."라고 했다고 한다.

9. 바빌로니아(지금의 이라크)의 남부 지역. 성서에 자주 등장하는 지역이다.
10. 이집트의 옛 수도.
11. 조로아스터교에 따르면 정의로운 사람들이 낙원에 들어가기 전에 건너는 다리.
12. 쓴 쑥으로 만든 초록빛 술.
13. 볼테르의 시대인 18세기에 프랑스 법은 이혼을 배척하고 있었다. 이 부분은 저자의 의도적인 도발의 성격을 띠고 있으며 철학적인 치유책으로 소개되고 있다.
14. 푸스: 옛 길이 단위. 약 2.7센티미터.
15. 린뉴: 예전의 길이 단위. 12분의 1인치.
16. 특별히 순금과 순은으로 되어 있다는 뜻.
17. 행정수반 또는 재정담당관.
18. 조로아스터에 의해 설립된 또는 개혁된 조로아스터교에서 선(善)의 원리를 가리킨다.
19. 몸은 사자이고 머리와 날개는 독수리이며 귀는 말이고 볏은 물고기 지느러미인 괴물, 또는 대형 맹금류.
20. 하르피이아: 폭풍과 죽음을 다스리는 새의 몸에 여자 얼굴을 한 괴물.

21. 성화(聖火)의 신(神).

22. 구약성경의 시편 113편 4절과 6절에 대한 암시.

23. 구약성경의 시편 113편 3절과 5절에 대한 암시.

24. 이사야서 14장 12절에 대한 암시.

25. 출애굽기 16장 21절에 대한 암시.

26. 볼테르가 성서 주해의 책인 '젠드-아베스타(Zend-Avesta)'를 염두에 두고 약간 변형시켜 로마 여신인 '베스타(Vesta)'로 변형시킨 언어유희.

27. 사랑의 욕망. 미트라는 불의 신인 동시에 생식(生殖)의 신이었다.

28. 아라비아 사막은 시리아의 사막이다. 호렙은 시나이 지역의 산악지대이다. 호렙은 성서에 자주 등장하는 지방 이름이다. 

29. 안심하고 의지할 수 있음을 비유적으로 표현한 것임.

30. 갠지스 강 너머의 땅.

31. 중세 유럽에서 북중국을 가리키던 말.

32. 인도의 카스트 계급 중 첫째 계급.

33. 칼데아의 신.

34. 북경.

35. 켈트족의 신. 이 신에게 인간 제물을 바쳤다.

36. 법적으로 정당하게 얻은 것이 아니라 난폭한 행위를 통해 강제로 얻었다는 뜻.

37. 고대부터 중세까지 유럽의 신화나 전설에 등장하는 상상의 동물로서, 모든 뱀들의 왕이며 이 동물을 보기만 해도 죽게 되는 무서운 힘을 가지고 있다고 여겨졌다.

38. 프톨레마이오스가 주장한 지구중심체계에서는 9개의 이심원 영역이 있는데, 사랑의 별인 금성은 네 번째 이심원 영역이다.

39. 칼의 손잡이로부터 전체 길이의 3분의 1 정도 되는 데까지를 가리킨다.

40. 이 지적은 특히 롤랭(Rollin)에 대해 가하는 것이다. 롤랭은 자신의 『학습론*Le Traité des études*』(1726-1728)에서 이 표현을 자주 사용하였다. 볼테르는 이를 암시 또는 풍자하기 위해 자주 사용한다. 『미크로메가스*Micromégas*』 제1장, 『40에퀴의 남자*L'homme aux quarante écus*』의 제11장, 『하얀 황소*Le taureau blanc*』의 제9장, 『동정녀*La Pucelle*』 등에서 이에 대한 언급이 있다.

41. 호머의 작품 속에 자주 등장하는 '글라우코피스'('청록색 눈의')를 볼테르가 착각한 것으로 짐작된다.

# 작가 연표

1694년 : 프랑수아 마리 아루에(François Marie Arouet: 볼테르의 본명)가 11월 21일 파리에서 태어나다.

1704-1711년 : 루이-르-그랑 학교에 들어가 수사학과 철학에서 두각을 드러내며 학업을 하다.

1713년 : 법학 공부를 소홀히 하다. 네덜란드의 헤이그로 대사의 비서 자격으로 떠나다. 예쁜 신교도 아가씨와 사랑에 빠져서 대사가 그를 파리로 돌려보내다.

1714년 : 대부인 샤토뇌프 신부가 그를 사교계에 들이다.

1716년 : 섭정의 근친상간적 사랑에 대한 풍자적인 글을 써서 파문을 일으키다.

1717년 5월 - 1718년 4월 : 바스티유 감옥에 갇히다.

1718년 : 첫 번째 비극 『오이디푸스』를 소개하여 큰 성공을 얻다.

1722년 : 원한을 갖는 성격이 아닌 섭정이 볼테르에게 연금을 허락하다. 볼테르의 아버지가 죽으면서 상당한 재산을 그에게 물려주다.

1723년 : 앙리 4세의 위대함을 기리는 서사시 『앙리아드』를 발표하다.

1725년 : 루이 15세의 결혼 축하연을 위해 연극 상연을 책임 맡다.

1726년 : 로앙 기사와 다툼을 벌여 또 바스티유 감옥에 들어가 2주 동안 갇혀 있다가 영국으로 간다는 조건하에 풀려난다. 이후 2년 반 동안 영국에 체류하면서 자유의 숨결을 느낀다.

1728년:『앙리아드』를 영국 여왕에게 헌정하다. 이 작품은 영국인들에게서 매우 좋은 평가를 받는다.

1729년 : 프랑스로 돌아오다.

1731년 :『샤를르 12세의 이야기』. 정부는 이 책의 압수를 명령하지만 은밀하게 유통된다.

1732년 : 비극『자이르』. 어마어마한 성공을 거두어 코르네이유나 라신의 후계자로 적합한 비극 작가로 여겨진다.



1733년 :『취향의 전당』.

1734년 :『철학서한』. 이 작품은 큰 파문을 일으키고 불에 태우라는 처벌을 받는다. 이후 샤틀레 부인의 시레 성에 은거한다.

1735년 :『형이상학론』,『율리우스 카이사르의 죽음』.

1736년 :『사교계 사람』,『알지르 또는 아메리카인들』,『낭비적인 아이』.

1738년 :『뉴턴 철학의 개요』.

1739년 :『몰리에르의 생애』.

1741년 :『마호메트 또는 광신주의』.

1744년 : 외무장관이 된 다르장송 백작이 볼테르를 파리로 돌아오게 하다. 또한 왕이 총애하는 퐁파두르 부인의 후원도 받아서 루이 15세의 역사편찬관이 되다.

1746년 : 아카데미 프랑세즈에 선출되다.

1748년 : 『자디그』, 『세미라미스』. 왕과 왕비로부터 별로 인정받지 못하자 실망하고 환멸을 느껴 1년 동안 샤틀레 부인과 함께 당시 로렌 지방의 뤼네빌에 있던 폴란드 왕 스타니슬라스의 궁정에 머물다.

1749년 : 샤틀레 부인(43세)이 젊은 시인 생-랑베르의 아이를 낳고 며칠 후 죽다.

1750년 : 『오레스트』. 역사편찬관 자격을 박탈당하다. 프로이센의 프리드리히 2세의 궁정이 있는 베를린으로 출발하다.

1751년 : 『루이 14세의 세기』.

1752년 : 『미크로메가스』.

1753년 : 프리드리히 2세와의 사이에 불화가 생기다. 독일을 떠나 제네바 근처의 페르네에 정착하다.

1755년 : 3월에 마담 드니와 제네바 인근에 정착하다. 대저택을 사서 '레 델리스(Les Délices)'라고 이름 붙이다.

1756년 : 『일반역사와 풍속에 관한 에세이』, 『리스본 재앙에 관한 시』. 신의 섭리에 관한 문제에 대해 처음으로 루소와 의견의 불일치를 보이다.

1757년 : 『백과전서』 제7권에 기고하다.

1759년 : 『캉디드』.

1760년 : 페르네에 정착하여 이 작은 도시를 유럽의 지성의 전당으로 만들다. 러시아의 예카테리나 여제(女帝), 프로이센의 프리드리히 2세, 그 외에도 폴란드와 덴마크와 스웨덴의 왕들과 서신 교환을 하다. 그에게 지지를 보내는 파리의 영향력 있는 인물들과도 서신 교환을 하는데, 당시 외무장관이던 슈와죌, 달랑베르, 리슐리외, 튀르고, 콩도르세 등이 이에 포함된다.

1762년 : 장 칼라스를 옹호하다.

1763년 : 『관용론』.

1764년 : 『휴대용 철학사전』.

1765년 : 『역사철학』.

1772년 : 『호라티우스에게 보내는 서한』.

1775년 : 아카데미 프랑세즈에게 보내는 편지.

1778년 : 2월 5일 페르네를 떠나 파리로 금의환향하지만 5월 30일 사망하다.

1791년 : 그의 유해가 팡테옹으로 이송되다.

# 작가에 대하여

90년대에 한 프랑스 방송국의 인기 프로그램 '아포스트로프(Apostrophe)'(책에 관해 저명인사들 대여섯 명이 나와 토론을 벌이던 프로그램)에서 참석자들이 만장일치로 볼테르를 독보적인 '프랑스의 지성'으로 꼽았다. 프랑스 문화가 유럽을 풍미하던 시절에 볼테르는 프랑스 문화를 지배하였기 때문이다. 또한 볼테르는 우리 시대에는 '행동하는 양심'의 상징으로 꼽히고 있다. 그의 저서들 대부분이 가톨릭교회와 왕을 비판하고 있어서 그는 투옥될지도 모른다는 염려 또는 당국의 유배 결정 때문에 그가 한편으로는 선망하던 권력의 중심인 궁정과 파리로부터 거의 늘 멀리 떨어져 살아야 했다. 알제리 독립운동 때 프랑스 지식인들의 양심선언을 주도했던 사르트르를 주요 위정자들이 감옥에 가두자고 제안했을 때 당시 드골 대통령은 "볼테르를 감옥에 가두지는 않는다."고 딱 잘라 거부했다. 이 일화는 볼테르가 프랑스인들에게 어떤 존재로 각인되고 있는지 단적으로 보여준다.

'볼테르'라는 이름은 필명이다. 본래 '프랑수아 마리 아루에(François Marie Arouet)'라는 이름으로 1694년 11월 21

일 파리에서 세 번째 아이로 태어났다. 공증인인 아버지는 회계감사원의 징세관 직위를 얻음으로써 부유해졌는데, 어머니는 볼테르가 일곱 살 때 돌아가신다. 열 살 때 그는 예수회가 운영하는 루이-르-그랑 학교에 보내지는데, 이 학교에서 예수회 수도사 지식인들의 영향을 받으면서 수사학에서 탁월한 능력을 보이고 토론이나 연극 또는 역사에 큰 흥미를 보이기도 하면서 금세 두각을 드러내고, 평생 이어갈 교우관계도 형성한다.

이와 아울러 열두 살 때는 대부(代父)인 샤토뇌프 신부가 그를 쾌락주의적이고 무신론적인 문인들이 모이는 사교 모임이던 '탕플(Temple)'이라는 문학 살롱에 데리고 가서 당시 유명하던 상류사회 귀족 여인인 니농 드 랑클로(Ninon de Lenclos)에게 소개한다. 볼테르는 그곳의 분위기를 즐기면서 자신의 재기를 발휘하여 분위기를 흥겹게 만들기도 했다. 17세에 루이-르-그랑 학교를 떠났을 때 아버지가 그를 위해 변호사 사무실에 자리 하나를 마련해주었지만 그는 문학에 전념하고 싶어서 아버지에게 문인이 되고 싶다고 말한다. 그러나 아버지가 펜으로 먹고 살기는 힘들 거라며 법조인의 길을 강력히 권하는 바람에 법학대학에 등록한다.(아버지의 예견과 달리 볼테르는 40대에 유명한 작가이자 부자가 된다.) 하지만 탕플을 계속 드나들면서 사치와 방탕을 선망하고 20세부터는 대부분의 시간을 파리의 살롱들에서 보내며 세속적인 문학에 심취하고 파리 사교계에 활기를 불어넣어준다.

다소 건방지고 정신적으로 독립적이던 볼테르는 바로 그런 기질 때문에 때때로 무분별해 보이는 일들을 벌이곤 했다. 1717년에 당시 섭정이던 필립 도를레앙 2세에 대해 감히 비판적인 풍자문을 써서 체포되어 바스티유 감옥에서 11개월을 보내게 되는 것도 그런 기질을 증명해주는 한 사례이다. 감옥에 있는 동안 볼테르는 『오이디푸스』라는 첫 번째 연극작품을 썼다. 감옥에서 나오면서 그 때부터 '볼테르'라는 예명을 사용하기 시작했고 이 새로운 이름으로 첫 번째 연극작품을 무대에 올렸다. 즉각 큰 호응을 얻었고, 24세라는 아주 이른 나이에 벌써 유명해져버렸다.

그 시대의 많은 작가들이 그러했듯 볼테르도 존중받는 장르이던 비극과 시로써 작품 활동을 시작했던 것이다. 이를 계기로 계속해서 희곡작품을 썼으며, 그 일을 통해 영화와 부를 한꺼번에 얻을 수 있으리라 믿었다. 동시에 『동맹』이라는 서사시를 써서 1723년에 발표하고, 그것을 다시 손질하여 『앙리아드』로 발표한다. 이로써 젊은 작가 볼테르는 당시 사람들에게 매우 전통적이라는 이미지를 주게 되는데, 비극과 서사시는 고전주의 미학의 대표적인 두 장르이기 때문이다. 그렇다고 해서 이 때문에 후세가 볼테르를 프랑스의 가장 위대한 작가들의 반열에 올려놓는 것은 아니다.

하고 싶은 말을 하기 위해서는 목숨까지도 내놓을 볼테르는 고관대작들과 교제하면서 그들에게도 자신의 모습 그대로 대했다. 1926년에는 쉴리 공작의 저녁식사 모임에서 젊은 혈기와 자긍심에 차서 귀족인 로앙 기사의 비위를 건드려 로앙 기사의 복수로 그의 부하들에게 두드려 맞고 난 뒤 로앙에게 결투를 신청하는데, 막강한 집안인 로앙 가문은 스캔들이 되는 것을 피하기 위해 볼테르를 감옥에 가두게 만들었다. 2주 후 볼테르는 프랑스를 떠나 영국으로 간다는 조건 하에 풀려나게 된다.

그렇게 해서 볼테르는 영국으로 건너가 거기서 2년 반을 보낸다. 영국의 자유주의적인 의회군주제는 그에게 모범적인 사례로 보여서 그의 정치사상에 막대한 영향을 끼친다. 거기서 관용을 발견한 것이며, 이후로 그는 평생 이 덕목을 목청 높여 수호한다. 그가 영어로 쓴『영국에 관한 서한』에서는 영국의 정치 풍속을 찬양하는 반면 프랑스의 전제주의의 남용을 맹공격하고 프랑스 사회를 지배하는 불관용적이고 강제적인 정신을 비난한다.

프랑스로 돌아와서는 『브루투스』(1730), 『자이르』(1732) 등의 희곡작품 몇 편을 발표하는데, 3주 만에 쓴 『자이르』는 어마어마한 성공을 거둔다. 1734년에는 자신이 썼던 『영국에 관한 서한』을 프랑스어로 번역하고 개정 증보하여 『철학서한』이라는 제목으로 발표한다. 정치적 자유와 종교적 자유를 다루고, 과학의 발전 같은 번영과 진보를 찬양하고, 로크의 유물론적 이론을 소개하고 그러면서도 인간의 본성에 대해서는 낙관주의적 신념을 주장한다. 그리하여 이 저서는 계몽주의의 진정한 발현이 되는데, 그의 사상이 위험하다고 판단되어 이 책은 판금된다. 이에 맞서다가 체포할 위기에 빠진 볼테르는 친구이자 연인인 샤틀레 부인의 시레 성으로 가서 은둔한다.

시레 성에서 볼테르는 10년간 머물며 연구와 저작활동에 매진한다. 물리학 실험도 하고 과학 철학에도 심취하면서 과학, 역사, 철학 등 다양한 지식 영역에서 열정을 보이고 새로운 사상의 확산에 크게 공헌하는 대중서로서 『뉴턴 철학의 개요』 같은 저서도 발표할 뿐만 아니라 『국가들의 풍속과 정신에 관한 에세이』(1756)와 더불어 역사 연구의 혁신에 중요한 역할을 하기도 한다. 사료들에 대한 비판적이고 체계적인 점검을 하고 사료들 속의 상반된 증언들을 대조 분석하여 역사적 사실에 대한 호기심에 진리에 대한 열정을 접목시켰다. 다른 한편, 그는 몽테스키외와 더불어 군주제나 군대의 역사에만 한정되지 않고 백성들 혹은 국가의 역사에 관심을 가졌다. 그러나 진지한 지적활동만 한 것은 아니다. 여러 편의 희곡작품들도 쓰고, 쾌락주의적이고 익살스러운 가벼운 시도 썼다. 시레 성에 머무는 동안 볼테르는 프로이센의 프리드리히 2세와 서신 교환도 했다. 일명 '철학자 왕'이라 불리던 이 왕은 볼테르를 포츠담으로 끌어들이고 싶어 했다.

그런데 프랑스 궁정에서 왕이 총애하는 퐁파두르 부인이 세력을 떨치면서 일종의 자유화 바람이 불어 볼테르를 베르사이유로 돌아오게 하여 왕(루이15세)의 역사편찬관으로 임명했다.(1745) 그리고 다음해에 그는 '아카데미 프랑세즈(프랑스 학술원)'에도 선출되었다. 그 때부터 그는 궁정인으로서의 이력을 쌓아가며 실수나 실패도 하고 실망도 하면서 건방진 태도를 보여 멘느 공작부인 집에서 두 달간 숨어 지내야만 한 적도 있다.

바로 그 즈음 그는 콩트라는 서술 형식을 이용해서 자신의 사상을 예증하기 시작한다. 보다 넓은 대중에게 자신의 생각을 전하는 방식으로서 안성맞춤인 장르였다. 그렇게 해서 행복과 운명의 문제를 제기하는『자디그, 또는 운명』(1747)

과 지식의 상대성에 대한 『미크로메가스』(1752)가 씌어졌다. 이와 같은 이른바 '철학콩트'라 불리는 작품들을 통해 20세기와 21세기의 독자들은 볼테르를 알게 되고 그의 재능에 감탄하게 된다. 볼테르의 철학콩트들 중 가장 많이 읽히는 작품들은 『자디그, 또는 운명』, 『캉디드, 또는 낙관주의』(1759), 『랭제뉘』(1767)다. 하지만 정작 본인은 자신의 철학콩트들을 진지하게 생각하지 않았고 자신의 저술활동에서 심각한 저서들 사이에 그저 여흥거리로서 재미삼아 쓴 대수롭지 않은 작품들로 여겼다.

1749년에 볼테르는 고통스런 시련을 맞는다. 샤틀레 부인이 젊은 시인 생-랑베르와 관계를 맺다가 그의 아이를 갖게 되고 그 아이를 낳고서 곧이어 죽는 일이 생긴 것이다. 볼테르는 슬픔을 잊기 위해 이전에 받았던 프리드리히 2세의 초청에 응하여 프로이센으로 떠난다. 상수시(Sans-Souci) 성에서 머무는 5년 동안 처음에는 목가적이었다. 권좌의 사람과 문인 사이의 좀 뜻밖의 협력이지만 커다란 기획의 실현을 예견케 했다. 그러나 그들의 협력관계는 오래지 않아 변질되고 그 둘 사이에 불화가 생겨 볼테르는 독일을 떠나야만 하게 되었다. 프랑스는 그를 받아들이려 하지 않아서 그는 제네바 근처의 페르네에 정착한다. 거기서도 볼테르는 평화롭게 오래

체류하지는 못했다. 그가 『백과전서』에 <제네바>라는 항목에 쓴 글이 스위스 공화정과 신교에 대해 엄준한 비판을 담고 있었기 때문이다. 그래서 1750년대는 볼테르에게 있어 투쟁과 논쟁의 시기였다. 그런데 2만5천여 명의 목숨을 앗아간 리스본 지진(1755)이 나서 볼테르를 정신적으로 심각하게 뒤흔들어놓아 그는 <리스본 재앙에 관한 시>(1756)에서 낙관주의 옹호자들을 공격하기에 이른다.

페르네의 자기 땅에 은거하기 시작한 볼테르는 거기서 『철학사전』을 집필하면서 성찰을 다루는 저술활동을 계속한다. '사전'이라는 형식을 선택한 것은 인간의 지식 전체를 아우르고자 하는 계몽주의의 야망을 예증한다. 구약성서와 신약성서의 '우화', 즉 '지어낸 이야기'를 반박하려는 합리주의적 계획이 『철학사전』을 낳게 했다. 집필활동 속에서 보이는 진보, 정의, 관용에 대한 사상을 수호하려는 그의 의지는 그의 실제적인 행위들 속에서도 나타난다. 정의롭지 못한 권력과 선입견 또는 편견들의 폭력이 난무하는 사안들에 공개적으로 개입한 것이다. 가장 유명한 사례로는 1762년에서 1764년까지 장 칼라스를 옹호하는 활동을 벌여서 자기 아들을 죽였다는 혐의로 증거도 없이 처형된 이 신교도의 명예회복을 위해 사재를 털어가며 행동하는 양심, 참여적인 지식인의 모습을 보인 것이다. 1763년에 죽은 이 장 칼라스 사건을 계기로 풍문과 증오에서 비롯된 고소를 야기한 광신주의를 비판하는 『관용론』을 쓰는데, 이 작품이 칼라스 사건의 재심과 그의 복권에 결정적인 영향을 끼친다.

볼테르는 관용 정신이 없이는 인류의 발전도 문명의 진보도 있을 수 없다고 생각했던 것이다. 그래서 다양한 장르를 넘나드는 그의 저서들 속에는 당대의 지배적 종교권력이던 가톨릭에 대한 비판이 꾸준히 등장한다. 그의 생각에 반대하는 사람들은 그가 전통적 가치들의 토대인 기독교 정신을 무너뜨리려하고, 풍기를 문란케 한다고 비난했다. 한편, 그는 엄격주의자이고 장세니스트인 형을 두고 있었으며 교육을 통해 성경에 대한 지식이 풍부했다. 그리고 이른바 '이신론자(理神論者)'였던 그는 기독교의 신은 아니지만 우주의 질서를 관장하는 어떤 절대자가 있다고 생각했으며, 퀘이커교도들의 청빈한 삶에 대해서는 칭찬을 아끼지 않았다.

말년에 철학자로서 그의 명성은 국제적으로 대단했으며, 작가들이나 철학자들 또는 학자들이 페르네로 와서 그를 방문하고 그와 서신교환을 하기도 했다. 그의 무수히 많은 편지들(약 4만 통으로 알려져 있다) 중 일부가 플레이아드 판으로 총 열세 권에 실려 있고, 현재 활발히 연구되고 있다. 볼테르는 1778년에 드디어 파리로 돌아갔으나 베르사이유 궁에 받아들여지지 않았다. 그리고 바로 그 해 5월 30일에 죽음을 맞는다. 84세까지 장수를 누렸으나 프랑스 대혁명은 보지 못하고 죽게 된 것이다. 그의 마지막 신앙고백은 "나는 신을 경배하고, 내 친구들을 사랑하고, 내 적들을 미워하지 않으며, 미신을 증오하며 죽는다."였다.

철학자로서, 작가로서, 행동하는 양심으로서 평생 왕성한 활동을 벌인 볼테르에게 있어 사상과 행위는 분리될 수 없는 것이었으며, 견고한 유대를 보이는 그 많은 저서들과 삶 자체를 통해 그는 후대에 계몽기의 상징으로 여겨지게 된다. 가톨릭교회에서는 그의 장례식을 거부하여 그의 장례식은 거의 몰래 치러졌다. 그로부터 13년 후인 1791년, 볼테르는 국가를 위해 큰 공헌을 한 인물들만 들어가는 팡테옹에 안치된다.

# 작품에 대하여

1747년에 처음으로 출간된 『자디그 또는 운명』은 여러 사료들이나 정황으로 보았을 때 1745-1746년에 씌어지고 1746년 가을 볼테르가 멘느 공작부인의 성에 머물 때 정서(正書)한 것으로 추정된다. 볼테르는 1744년부터 1747년까지 샤틀레 부인과 함께 파리, 베르사이유, 소의 상류사회에 끼어 있었다. 볼테르는 이 작품을 그의 다른 콩트들처럼 우선 멘느 공작부인을 즐겁게 해주기 위해 저녁나절에 당시 가장 손꼽히던 그 소(Sceaux) 성의 문학 살롱에서 얼마큼씩 낭독하였을 것이다. 당시 70세이던 멘느 공작부인은 콩트들을 매우 좋아했으며, 특히 동양 이야기나 동양을 배경으로 하는 이야기들을 좋아했다. 멘느 공작부인은 자기가 너무나 재미있게 들은 콩트들을 더 많은 사람들이 즐길 수 있도록 출간을 종용했다.

콩트나 소설 같은 장르들을 하찮은 '객설'로 여기던 볼테르, 24세에 그의 『오이디푸스』가 코메디-프랑세즈에서 상연되어 고전작가로 벌써 인정받았으며 35세에 이미 프랑스 제일의 서사시 시인으로 이름을 날렸던 볼테르가 『자디그』를 출간했을 때의 나이는 53세였다. 그것도 처음에는 자신의 이름을 내걸지도 않았고 자기가 쓴 작품이라고 인정하지도 않았다. 심각한 장르들을 섭렵한 '버젓한' 작가 볼테르가 그런 하찮은 장르의 작품을 썼다는 것을 인정하는 것이 부끄러운 일이기도 했지만, 그보다는 후에 발표될 다른 철학콩트들과 마찬가지로 이야기의 배경이 어떤 것이건 간에 당대의 정치, 종교, 사회에 대한 비판들이 암시적이지만 신랄하게 담겨 있어서 신변의 위협을 느껴 그런 것이기도 하다. 볼테르의 철학콩트들은 검열에 걸릴 것 같아서 대부분 네덜란드의 헤이그나 스위스의 제네바 등 비교적 관용적이던 인근 국가들에서 출간되었다. 그런 다음 이 책들이 은밀한 경로로 프랑스로 들어오곤 했다. 이러한 절차는 볼테르의 작품들에만 한정된 것은 아니었다. 다른 작가들의 경우에도 흔히 행해지던 일이었다. 그런데 문학 장르들에 대한 당시의 통념으로 볼 때 미천한 장르였던 콩트의 형식으로 씌어진 이 작품은 출간되자마자 독자들의 큰 호응을 얻었다. 이야기꾼으로서의 볼테르의 재능과 번득이는 재기 때문에 많은 사람들이 그의 작품인 줄 간파하였고 그의 철학콩트들은 많은 독자들이 찾는 인기 작품들이었다.

한편, 1747년의 초판본에서 이 작품의 주인공 이름은 자디그가 아니라 '멤논'이었다. 그런데 1748년의 두 번째 판본에서는 주인공의 이름이 자디그로 바뀌고 멤논은 나중에 다른 철학콩트의 주인공이 된다. 『자디그』는 이야기 곳곳에 저자의 개인적인 경험들이 녹아 있는 것이 분명하지만 분명코 인간의 근본적인 조건들에 대한 질문들을 던지는 철학콩트이다. 군주들이 말하는 정의나 인간사회에서의 정의에 대한 문제 제기를 하고, 여성들의 본성에 대한 물음도 던지는가 하면 세계의 질서에 대한 의문도 제기된다. 제목에 붙은 '운명'이란 단어는 볼테르의 개인적인 운명뿐만 아니라 인간의 보편적인 운명을 내포하고 있음은 의심할 바 없다. 부제처럼 붙어 있는 '동양 이야기'는 『천일야화』를 계기로 당시 동양을 배경으로 하는 이야기가 유행했던 데서 비롯된 것이기도 하다. 그래서 볼테르의 콩트들에는 바빌론이 많이 등장하지만 이 바빌론은 당시의 파리 사회를 상징하는 경우가 대부분이다. 이국적인 배경은 이야기 배경으로서 매혹적인 요소인 동시에 볼테르가 하고 싶은 비판들을 에둘러 표현하기 좋은 장치로 이용된다.

볼테르의 개인적인 경험이나 당대의 사회에 대한 풍자들이 곳곳에 자리하고 있는 이 작품이 오늘날의 독자들에게도 매력적으로 느껴지고 그야말로 읽는 즐거움을 얻게 해주는 이유는 볼테르의 재능 때문일 것이다. 그는 이 작품에서 특정 시대 특정 사회를 겨냥한 풍자적 이야기들이라 하더라도 그 틀을 뛰어넘어 인간의 본질적 조건들이나 속성, 더 나아가 '운명'에 대한 물음들로 승화시켰으며, 이야기 전달 형식으로서 아주 오랜 역사를 지닌 '옛날이야기' 형식의 구술적 특성을 효과적으로 적용하여 '콩트(동화)'의 유희적 요소들을 잘 살렸다. 또한 당시 많은 작가들과 독자들이 즐기면서도 그 즐거움을 자백하지 않던 소설 장르의 드라마틱해서 비현실적인 사건 구성의 특질들을 이용하면서도 그 수준에서 머무르지 않고 그런 비합리적으로 보이는 요소들을 인간 운명의 불합리를 표현하는 장치로 이용할 줄 알았던 것이다. 그리고 이 작품이 볼테르의 철학콩트에서 큰 의미를 갖는 또 다른 이유는, 인간 조건의 다양한 양상과 인간의 본성에 대한 다각적인 고찰을 담고 있는 이 작품 속의 다채로운 테마들이 향후 끊임없이 다시 취해지면서 볼테르의 많은 철학콩트들에서 그 흔적을 보이게 된다는 점이다.

『자디그』를 쓸 즈음 볼테르는 알렉산더 포프의 『인간에 관한 에세이』를 읽고 이를 통해 간접적으로 라이프니츠의 낙관주의적 철학에 대해 알고 있었고 이들의 영향을 어느 정도 받고 있던 터였다. 게다가 라이프니츠를 존경해마지 않는 샤틀레 부인 때문에 이 독일 철학자의 낙관론을 드러내놓고 비난하지는 못했다. 그래도 늘 실제 사실들과 경험이나 관찰을 바탕으로 한 실증적 지식을 중시하며 형이상학을 경시하던 볼테르의 '체념적 낙관주의'는 오래가지 못한다. 『자디그』의 말미 부분에서 등장인물들의 대화를 통해 보이던 포프 식 낙관주의는 샤틀레 부인의 죽음, 베를린에서의 씁쓸한 경험, 리스본 대지진의 충격 등을 거치면서 볼테르의 철학콩트들에서 비관적 회의주의에 밀리게 된다. 그래도 어쨌든 볼테르는 철학콩트들을 계속 쓰고, 이 장르가 권력을 쥔 자들의 횡포를 공격하고 사회의 개혁을 논하면서 세상의 부조리들과 인간들의 오만이나 허영을 우스꽝스럽게 그리며 조롱하는 수단으로서 안성맞춤인 이야기 형식이 될 수 있음이 그의 재능을 통해 확인된다.

콩트나 소설 장르를 하찮은 '우화(fable: 거짓 이야기라는 뜻이 내포되어 있음.)'로 여기던 볼테르는 자신의 다른 철학콩트 『랭제뉘』에서 "우리에게 우화가 필요하다면 그 우화가 최소한 진실의 상징은 되어야 한다."고 주인공의 입을 빌어 말한다. 바로 그 진실의 추구 때문에 오늘날의 독자도 볼테르의 철학콩트를 읽으며 고개를 끄덕이고 입가에 미소를 짓게 되는 것이리라.

자디그 또는 운명

지은이 볼테르
옮긴이 이효숙
펴낸곳 연세대학교 출판부
주 소 서울시 서대문구 연세로 50
전 화 2123-3380~2
팩 스 2123-8673
ysup@yonsei.ac.kr
http://www.yonsei.ac.kr/press
등 록 1955년 10월 13일 제9-60호
인 쇄 (주)태화북스

2011년 1월 20일 1판 1쇄
ISBN 978-89-7141-950-2 (03860)

값 10,000원